SHIATSU FACIAL

A Arte do Rejuvenescimento

GROUND

livros para uma nova consciência

Aridinéa Vacchiano

SHIATSU FACIAL

A Arte do Rejuvenescimento

7ª edição / 1ª reimpressão
São Paulo / 2012

EDITORA GROUND

Revisão: Marina de Oliveira e Antonieta Canelas
Editoração eletrônica: Spress Bureau de Fototlito
Fotos: Paulo C. Farias
Modelo: Ana Patrícia Leitão Abranches
Ilustrações: Marcella Campos Vasconcelos
Capa: Niky Venâncio

CIP-BRASIL. CATALOGAÇÃO-NA-FONTE
SINDICATO NACIONAL DOS EDITORES DE LIVROS, RJ

V131s
7.ed.

Vacchiano, Aridinéa, 1946-
Shiatsu facial: a arte do rejuvenescimento / Aridinéa Vacchiano ; prefácio Sohaku Bastos. - 7.ed. - São Paulo : Ground, 2010.
177p. : il. ; 21cm

Inclui bibliografia
ISBN 85-7187-169-8

1. Acupressura. 2. Face – Massagem. 3. Face – Cuidado e higiene. 4. Rejuvenescimento. I. Título.

10-4418. CDD: 615.822
CDU: 615.821

02.09.10 14.09.10 021396

Vendas e distribuição:
EDITORA AQUARIANA LTDA.
Rua Hélade, 125 G
04634-000 – São Paulo – SP
Tels.: (11) 5031-1500 / (11) 3571-4655
vendas@aquariana.com.br / www.ground.com.br

A Catarina e Giulia, minhas netas, com muito amor.
Que encontrem seus caminhos
com equilíbrio e perfeita harmonia.

AGRADECIMENTOS

AOS MEUS AMADOS e queridos pais pela essência da minha existência e pelo grande apoio.

Ao meu marido Agostino e aos meus queridos filhos Andréa Cláudia e Caio Vinícius, pela tolerância e estímulo.

Aos professores, pela dedicação, empenho e conhecimento.

Aos alunos, pela oportunidade de repassar esse conhecimento e poder acrescentar algo mais ao seu saber.

Aos amigos, o caminhar juntos nessa jornada e na troca de energia.

Aos pacientes, a confiança.

Aos meus mestres e guias espirituais, a força, a intuição, a inspiração, a luz.

Às fontes inspiradoras deste livro: a energia que sempre me fascinou e a natureza, que sempre me encantou.

A todas as pessoas que tornaram possível o desenvolvimento dos conceitos aqui apresentados.

A Ana Patrícia Leitão Abranches que serviu de modelo para as fotos que ilustram este livro.

A Sérgio Martins de Oliveira um agradecimento especial por ter transformado este sonho em realidade.

Se vi mais longe é porque subi no ombro de gigantes.

Dádiva

Pouco damos quando damos de nossas posses.
Só quando damos de nós próprios, somos reais.
Assim, é uma alegria silenciosa
onde no desejo de servir, colocamos esperanças e ideais.

Esperança em ajudar o próximo
e amenizar um pouco sua dor,
são como gotas no vasto oceano
ofertadas com amor.

Ideais de servir sem ser solicitado
por haver compreendido.
Pelas mãos dessas pessoas
Deus fala, e sorri para o mundo.

Aridinéa Vacchiano

Apresentação

Após concluir minha formação como shiatsuterapeuta, passei a ministrar cursos de Shiatsu Facial, visando difundir essa técnica, pouco utilizada no Brasil. Para aplicação dos cursos, no entanto, senti necessidade de material didático prático e detalhado, com ilustrações dos movimentos, para servir de apoio aos alunos. É importante o registro de cada passo para embasar o aprendizado e sua posterior aplicação. Foi a partir desse material que surgiu este livro, fruto da minha experiência vivida nos cursos, consultórios e de muita pesquisa. É um trabalho pioneiro no Brasil dentro do Shiatsu voltado à estética.

Desenvolvi também um vídeo sobre Shiatsu Facial, que não é de formação, mas um demonstrativo com técnicas de aplicação para relaxamento, flacidez facial, postura do terapeuta e finalização de cada sessão, trabalhando as extremidades para uma melhor circulação do Ki (energia vital). Algumas manobras são auto-aplicáveis.

Sinto-me gratificada em difundir essa técnica, não só pelo fator estético, com resultados comprovados, como, e principalmente, pela parte terapêutica, contribuindo para o alcance de um equilíbrio perfeito, uma saúde em harmonia e consequentemente o rejuvenescimento e a beleza, exteriorização de um bem-estar físico, emocional, energético e espiritual.

PREFÁCIO

O SHIATSU TRADICIONAL é um dos mais valiosos legados que a cultura do Extremo Oriente deixou para a saúde da humanidade. O desenvolvimento desse método terapêutico no mundo ocidental é incontestável. Não podemos, no entanto, ignorar os equívocos quanto à sua tradição, teoria e prática em nosso país. Vemos, destarte, inúmeras variações da prática do Shiatsu Tradicional com o objetivo de ocidentalizá-lo e adaptá-lo ao sistema de saúde vigente, na maioria das vezes deformando suas técnicas e aviltando sua originalidade. O maior engano consiste em conceituar o Shiatsu como massagem ou massoterapia, posto que seus objetivos são diferentes. A meu ver, a comunhão entre os dois sistemas de saúde – ocidental e oriental – é fundamental.

Após 26 anos de ensino pioneiro do Shiatsu no Brasil e nos últimos 12 anos em caráter oficial com a Chancela do Conselho Estadual de Educação, sinto-me gratificado e feliz pela perspectiva social da difusão da Shiatsuterapia no Brasil.

Parabenizo a shiatsuterapeuta Aridinéa Vacchiano pela autoria do livro "Shiatsu Facial – A Arte do Rejuvenescimento" que contempla justamente a parte do Shiatsu que pode ter um caráter preventivo, estético e terapêutico. A autora concluiu sua formação profissional em Shiatsuterapia no Instituto Politécnico de Saúde da Academia Brasileira de Arte e Ciência Oriental, dos quais tive a honra e ser o fundador. Oxalá que o êxito literário desta obra, atinja, não apenas seus objetivos didáticos e científicos, mas que também desperte as novas consciências nesta mudança de milênio, sobretudo fomentando o exercício da cidadania sob a égide da promoção da educação e da preservação da saúde.

*Prof. Sohaku R. C. Bastos, Ph.D**

**Prof. Sohaku R. C. Bastos, Ph.D*

Chanceler para a América do Sul e Reitor para o Brasil da The Open International University for Complementary Medicines (UNIMEC). Presidente do Conselho Diretor do Colégio Brasileiro de Acupuntura e Terapias Tradicionais (CBA) e da Academia Brasileira de Arte e Ciência Oriental (ABACO). Juíz do Tribunal Regional do Trabalho JC (1ª Região).

SUMÁRIO

Introdução

A face do homem revela tudo sobre ele.
(provérbio oriental)

Há mais de 5.000 anos, o Oriente desenvolveu a filosofia e a teoria da Medicina Tradicional Chinesa, tendo como base o estudo da natureza, que visa, com suas técnicas e procedimentos, estimular pontos reflexos para promover a circulação do Ki (energia vital). O Ki está em todo o Universo e flui também no nosso corpo através dos 14 meridianos. Para manter o Ki em equilíbrio, na bipolaridade Yin-Yang, é necessário fazê-lo fluir harmoniosamente nos canais, regularizando as transformações e mutações dos elementos da natureza (fogo-terra-água-metal-madeira) onde a Medicina Tradicional Chinesa se baseia. Isto é conseguido com o Shiatsu, Anma e outras técnicas orientais.

Anma, é uma técnica originária da China, com mais de 5.000 anos, que veio sendo desenvolvida e modificada através do tempo. Desse processo, surgiu o Shiatsu Facial.

A face é a única parte do corpo que distingue uma pessoa da outra. O rosto reflete o interior físico e emocional do indivíduo. Se você prestar atenção verá que o rosto também fala; primeiro mostra sinais suaves, depois aparecem as olheiras, a pele perde o viço, as pálpebras incham etc. O rosto conta a história de nossa vida, porque tudo aquilo que expressamos é manifestação de estímulos internos relacionados com a nossa mente (shen). Por isso corpo e mente devem estar em perfeita sintonia.

Na Medicina Oriental, o rosto é uma parte importante no diagnóstico e mostra a condição do Ki, já que qualquer desequilíbrio do organismo tem sua manifestação na face. Estas marcas podem ser modificadas com o Shiatsu Facial e o padrão mental.

Saúde é a compreensão da natureza, a vida em comum, a simplicidade, o equilíbrio absoluto... a ausência de raiva. Assolados por dúvidas e infelicidade, a mente e o espírito se desorientam, levando desarmonia às funções dos órgãos e vísceras e dando origem a prisão de ventre, gastrite, úlceras, palpitações, tristeza, medo, insegurança, intolerância etc.

A vida sedentária, o estresse, as tensões emocionais, os excessos diversos, as irritações e a má alimentação são, entre outras, as causas do bloqueio do Ki, que trazem desarmonização, doença e envelhecimento precoce. Com o Ki estagnado não existe vida saudável e alegre — e isso afeta a mente e dificulta o raciocínio, essencial para compreendermos, administrarmos e solucionarmos os problemas, além de impedir a nossa realização pessoal, profissional, familiar, afetiva, financeira etc.

O Shiatsu Facial ajuda a desbloquear o Ki estagnado nos meridianos (os pontos energéticos correspondentes ficam tensos e descompensados e isso pode ser detetado na contratura facial) equilibrando o fluxo de energia e melhorando o viço da pele, hidratando-a. Esta técnica fortalece os músculos faciais, pescoço e colo, e relaxa o sistema nervoso, eliminando o estresse, o cansaço físico e mental, a tensão emocional, ansiedade, enxaqueca, cefaléia etc.

A prevenção da saúde, com hábitos saudáveis, contato com a natureza, exercícios regulares, alimentação sadia e equilibrada, ingestão de água diariamente e noites bem dormidas, pode e deve ser cultivada por cada ser humano como um compromisso para o seu próprio bem-estar físico, mental e espiritual.

A beleza é atribuição de excelente saúde quando os três fatores (físico, mental e espiritual) estão em total equilíbrio.

A beleza deve ser procurada, antes de tudo,
dentro de nós mesmos.

Aridinéa Vacchiano

美と健康

Teorias

1

Yin / Yang

陰
陽

Só temos consciência do belo,
quando conhecemos o feio.
Só temos consciência do bom,
quando conhecemos o mau.
O alto e o baixo formam um todo.
O som e o silêncio formam a harmonia.

Lao-Tsé

Em toda parte encontra-se a bipolaridade energética YIN/ YANG. Observações acuradas concluíram que o homem e o Universo têm a mesma estrutura básica considerando a anatomia humana, pois ambos são reflexo do Céu e da Terra. Esses pólos se complementam com equilíbrio e harmonia. Quando existe um estado de tranqüilidade, o YIN e o YANG estão em equilíbrio. Quando prevalece agitação ou letargia, o YIN e o YANG estão em desequilíbrio. Um não pode existir sem o outro. Não pode existir dia sem noite, sol sem lua, calor sem frio, inverno sem verão etc. Observando a natureza, os mestres chineses agruparam por similaridade suas características.

YIN	**YANG**
Terra	Céu
Mulher	Homem
Noite	Dia
Lua	Sol
Frio	Calor
Inverno	Verão
Escuro	Claro
Interior	Exterior
Contração	Expansão

A cabeça arredondada do Homem assemelha-se à abóbada celeste.
Os pés achatados são semelhantes à Terra.
O Céu tem quatro estações. Temos quatro membros.
A Terra tem árvores e grama. Temos cabelo e pêlos.
O Céu tem doze horas. Temos doze meridianos.
A Terra tem água em suas profundezas. Temos vasos sanguíneos.
O Céu tem Sol e Lua. Temos razão e emoção.
A Terra tem Cinco Elementos. Temos cinco órgãos.

Lao-Tsé

Símbolo do Taichi

Os Cinco Elementos

Quanto mais falamos do Universo
menos o compreendemos.
O melhor é auscultá-lo em silêncio.

Lao-Tsé

Os Cinco Elementos — Madeira, Fogo, Terra, Metal e Água — constituem o mundo material que, aliado à teoria do YIN/YANG, fundamenta a base da Teoria da Medicina Oriental.

Cada Elemento relaciona-se a uma estação do ano, a um órgão, a uma víscera do corpo humano etc. Dessa forma, podemos observar nas seqüências de geração e dominância, as desarmonias provocadas por um órgão ou víscera.

Por exemplo: uma disfunção do fígado, se não for tratada desenvolverá, com o tempo, um desequilíbrio do coração e assim sucessivamente, pois um elemento gera outro "Ciclo de Geração" (ver "Ciclo de Geração", p.21).

Os antigos chineses perceberam a influência da natureza na vida do homem e nas suas inter-relações, e agruparam esses fenômenos nos elementos Madeira, Fogo, Terra, Metal e Água, de onde desenvolveram a Teoria dos Cinco Elementos.

ELEMENTOS	MADEIRA	FOGO	TERRA	METAL	ÁGUA
Estações	Primavera	Verão	Canícula	Outono	Inverno
Energia	Vento	Calor	Umidade	Secura	Frio
Órgãos	Fígado	Coração	Baço Pâncreas	Pulmão	Rim
Vísceras	Vesícula Biliar	Intestino Delgado	Estômago	Intestino Grosso	Bexiga
Sentidos	Olhos Visão	Língua Tato	Boca Paladar	Nariz Olfato	Ouvido Audição
Corpo	Músculos Tendões	Vasos	Derme Tecido	Pele Pêlos	Articulações Ossos
Emoções	Raiva Frustração	Euforia Alegria	Preocupação Obsessão	Tristeza Melancolia	Medo Insegurança
Sabores	Azedo	Amargo	Doce	Picante	Salgado
Cor	Verde	Vermelho	Amarelo	Branco	Preto
Som	Grito	Riso Fala	Canto	Choro	Gemido Suspiro
Líquidos	Lágrimas	Suor	Saliva	Muco	Urina
Horário	23h/3h	11h/15h	7h/11h	3h/7h	15h/19h
Temperamento	Irritabilidade	Excitação	Reflexão	Inquietação	Culpa
Desencadea- mento	Decisão Controle	Compaixão	Teimosia Arroto	Rejeição Tosse	Susto
Cheiro corporal	Rançoso	Queimado	Perfumado	Carnoso	Podre
Aspecto psíquico	Alma	Consciência	Pensamento	Fluido Vital	Vontade
Esforço excessivo	Ver/Ler	Caminhar	Sentar	Deitar	Ficar em pé
Processo	Nascimento	Crescimento	Transformar	Colheita	Armazenar

Diagramas da Lei dos Cinco Elementos

Ciclo de Geração

A MADEIRA por combustão gera o FOGO, e o FOGO gera as cinzas que penetram na TERRA. Ao longo dos anos, as cinzas geram o METAL. Dos metais e rochas brota a ÁGUA que alimenta as plantas gerando a MADEIRA.

No Ciclo de Geração, se os órgãos e vísceras estão em equilíbrio, todo organismo estará. No entanto, se um órgão ou víscera entrar em desarmonia e não se buscar o equilíbrio energético, essa desarmonização se estenderá aos outros órgãos ou vísceras, por geração.

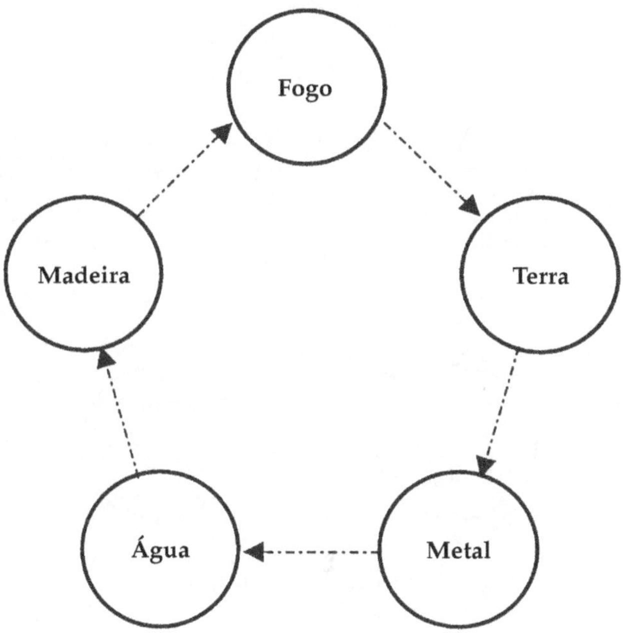

Ciclo de Geração

Ciclo de Dominância

A MADEIRA absorve os nutrientes da TERRA. Suas raízes, quando são longas, penetram na TERRA. A TERRA absorve a ÁGUA impedindo-a de se espalhar. A ÁGUA apaga o FOGO. O FOGO derrete o METAL que, por sua vez, corta a MADEIRA. Pode haver a dominância de um elemento sobre o outro quando existir desequilíbrio entre as funções. Assim como um vendaval (Madeira) atinge uma cidade (Terra) causando danos (desequilíbrio), um órgão em desarmonia pode agredir outro, causando doenças.

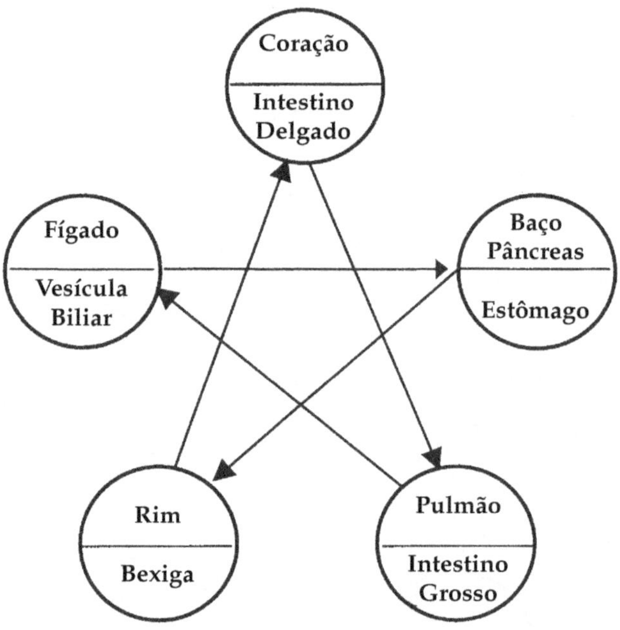

Ciclo de Dominância

Os Meridianos

Meridianos são canais imaginários por onde flui o Ki (japonês) ou Chi (chinês), que significa energia vital. Essa energia circula através dos 14 meridianos que existem no corpo humano e tem relação com cada órgão e víscera. Nos meridianos circulam também as energias: de defesa, nutridora, sangue e energia vital.

Através da manipulação dos pontos energéticos é efetuado o desbloqueio, a tonificação, a sedação, o equilíbrio da energia circulante nos meridianos, promovendo uma regulação geral do organismo. Embora trabalhando somente o rosto, o benefício geral será sentido porque todo corpo receberá a ativação sanguínea. A livre circulação do Ki nos meridianos gera um equilíbrio do fluxo energético que proporciona um relaxamento do sistema nervoso, aliviando o estresse, as tensões emocionais, as contraturas musculares etc.

Ao serem manipulados, os músculos faciais ficam mais oxigenados, irrigados e consequentemente mais fortalecidos, proporcionando um enrijecimento do seu tônus, revelando uma revitalização, um relaxamento e o rejuvenescimento.

O auto-conhecimento é a luz da sabedoria.

Aridinéa Vacchiano

Meridianos Yin dos Braços

Pulmão (P) – Circulação e Sexualidade (CS) – Coração (C)

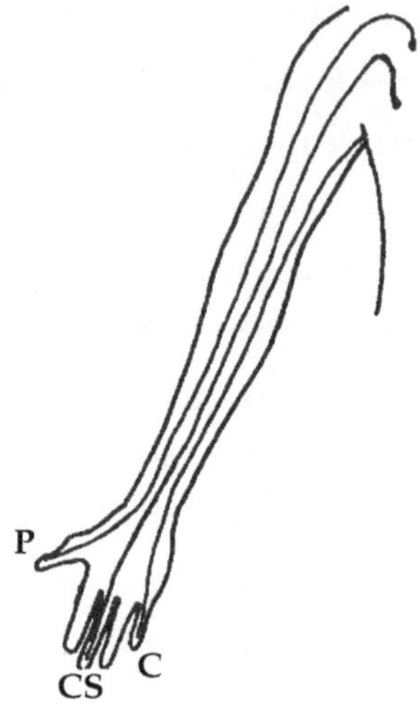

Meridianos Yang dos Braços

Intestino Grosso (IG) – Intestino Delgado (ID) – Triplo Aquecedor (TA)

Meridianos Yang das Pernas

Bexiga (B) – Estômago (E) – Vesícula Biliar (VB)

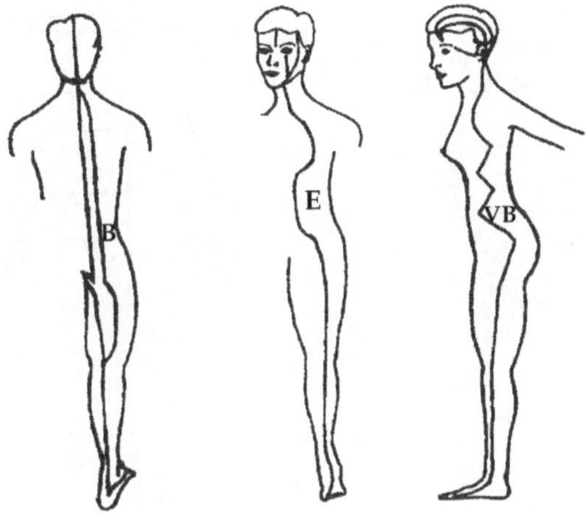

Meridianos Yin das Pernas

Fígado (F) – Baço-Pâncreas (BP) – Rim (R)

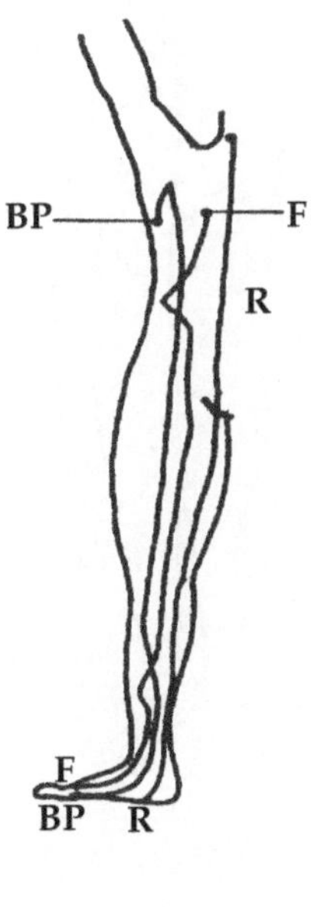

Meridianos do Sistema Nervoso

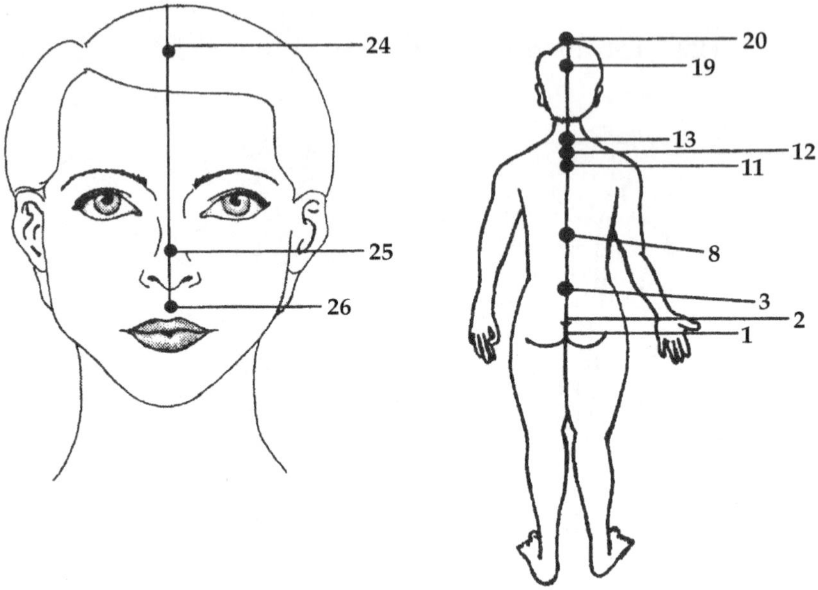

Meridiano do Vaso Governador (VG)

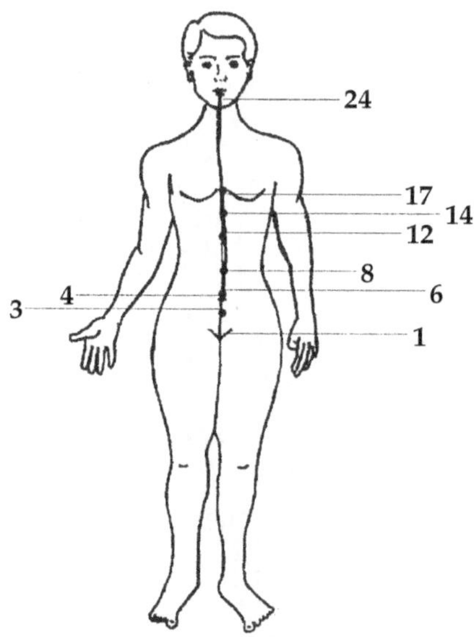

Meridiano do Vaso de Concepção (VC)

ZANG-FU (ÓRGÃOS E VÍSCERAS)

2

ESTUDO DE Órgãos e Vísceras com suas características e funções.

ZANG (órgãos): Pulmão, Coração, Fígado, Baço-Pâncreas e Rim.

FU (vísceras): Intestino Grosso, Intestino Delgado, Vesícula Biliar, Estômago, Bexiga e Triplo Aquecedor.

FUNÇÕES DO ZANG-FU

PULMÃO (P) – Circular e distribuir o ar. A pele é sua manifestação externa, e o nariz o seu órgão do sentido. Recebe a energia cósmica que, misturada com o sangue (Xue) forma o Zong Chi —, energia vital. Algumas de suas manifestações: problemas respiratórios, rinites, alergias, opressão no peito, depressão etc.

CORAÇÃO (C) – Comandar o sangue e os vasos. Guardar a mente (Shen) que é o espírito do coração (Xin). A língua é a sua manifestação externa. A alegria e a euforia são as emoções predominantes.

FÍGADO (F) – Armazenar o sangue, controlar seu transporte e transformação. Os olhos são a sua manifestação externa. Através dos olhos, da vida e da relação com o mundo, o indivíduo se adapta ou não. É responsável por músculos e tendões.

BAÇO-PÂNCREAS (BP) – Comandar o transporte e transformação do sangue e dos alimentos. Manter o sangue dentro dos vasos e os órgãos nos lugares. Transforma os alimentos em Energia Nutridora. Manifesta-se na boca.

RIM (R) – Armazenar a Essência Ancestral gerada na fusão dos gametas, no momento da concepção. Dentro da Medicina Tradicional Chinesa este é o primeiro órgão a ser formado. A Essência ou Energia Ancestral não pode ser reposta, mas pode ser preservada evitando excessos sexuais, de trabalho, bebida, noites mal-dormidas etc. Controlar os líquidos. Produzir a medula. Reflete-se no cabelo. É responsável pelos ossos. Seu órgão do sentido é o ouvido.

INTESTINO GROSSO (IG) – Receber e excretar os alimentos digeridos.

INTESTINO DELGADO (ID) – Digerir, absorver, separar o puro do turvo.

VESÍCULA BILIAR (VB) – Armazenar a bile, que é o excedente do Fígado. Auxilia a digestão.

ESTÔMAGO (E) – Receber os alimentos, os líquidos e processar.

BEXIGA (B) – Armazenar temporariamente os líquidos e depois eliminar.

TRIPLO AQUECEDOR (TA) – Dirigir as funções do Ki de todo o corpo, fazer a passagem para transporte dos alimentos, transformação e geração do Ki, sangue e líquidos do organismo para metabolização (TA Superior = P / C – TA Médio = E / BP – TA Inferior = R / B).

Fator Emocional

3

Conheça as dimensões imensas
e infinitas do seu mundo interior e exterior
para expressar-se plenamente na vida.
Descobrirá a maior das maravilhas: você mesmo.

Aridinéa Vacchiano

O FATOR EMOCIONAL é de vital importância para um equilíbrio perfeito, boa saúde e bem-estar. Quando ocorrem tensões emocionais, psicológicas ou energéticas, esses fatores concorrem para um enfraquecimento do organismo causando doenças. Dessa forma, não é a doença que tem o homem, mas o homem que tem a doença; uma doença específica, própria, desenvolvida por ele mesmo, por ser incapaz de lidar com determinadas situações que se apresentam ao longo da vida. Fica assim vulnerável ou receptivo aos vírus, bactérias e germes presentes na atmosfera, criando uma deficiência imunológica. A sobrecarga de crises emocionais, psicológicas, energéticas e espirituais ou as tensões internas mal-resolvidas, aliadas à deficiência imunológica, desenvolvem uma desarmonia que certamente resultará em doença.

Pensamentos negativos, dificuldade em dar e receber amor, tensão emocional, falta de humor, incapacidade de diferenciar assuntos sérios de outros sem importância, de enfrentar os desafios da vida, desatenção às necessidades do corpo físico, vida sem sentido, sentimento de rejeição, falta de adaptação e aceitação do mundo externo, padrão de condicionamentos vindo da infância etc., são exemplos de emoções negativas que colaboram para um desequilíbrio físico, mental, emocional, energético e espiritual.

Aspecto Emocional Negativo de cada Órgão

FÍGADO (Madeira) = Irritabilidade, desespero, impaciência, fúria, imaginação descontrolada, falta de confiança em si próprio, intolerância, irritação, falta de imaginação, alternância de humor, baixa auto-estima, depressão, apatia, indecisão, agressão, raiva, nervosismo, falta de coragem, timidez e covardia, frustração, ressentimentos, mágoas.

BAÇO/ESTÔMAGO (Terra) = Preocupação, obsessividade, ansiedade, cansaço, lassitude, apatia, idéias fixas, falta de memória, incapacidade de refletir e discernir, compulsão, ciúmes, possessividade, afrontamento.

PULMÃO (Metal) = Tristeza, apatia, angústia, depressão, inquietação, mal-estar, melancolia, pesar, apego excessivo, guardar, perda da individualidade, dificuldade em interagir com o mundo, nostalgia.

CORAÇÃO (Fogo) = Tristeza, apatia, angústia, opressão no peito, mutismo, riso ou choro descontrolado, alheamento, excesso de timidez, olhar fixo, falar sozinho, hiperexcitação, agitação, verborragia, alternância comportamental e de humor, palavras confusas, discurso incoerente, aéreo e inconsequente, dificuldade de discernimento e de comunicação, ausência de senso de humor, constrangimento, luto desmedido.

RIM (Água) = Medo da vida, pânico, desânimo, falta de persistência, ausência de coragem, falta de vontade, apatia, depressão, falta de auto-confiança, força de vontade, indefinição, inquietação sem causa aparente, dispersão energética, ambição desmedida, sufoco, letargia, rancor, desconfiança, insegurança, medo, indecisão.

O auto-conhecimento ajuda a (re)descobrir
os sentidos adormecidos, perdidos no tempo,
para uma maior percepção.

Aridinéa Vacchiano

Músculos Faciais

4

Músculos Agonistas e Antagonistas

Músculos agonistas — músculos, ou grupo de músculos, que realizam uma ação.

Músculos antagonistas — músculos ou grupos de músculos que se distendem para facilitar a contração dos músculos agonistas.

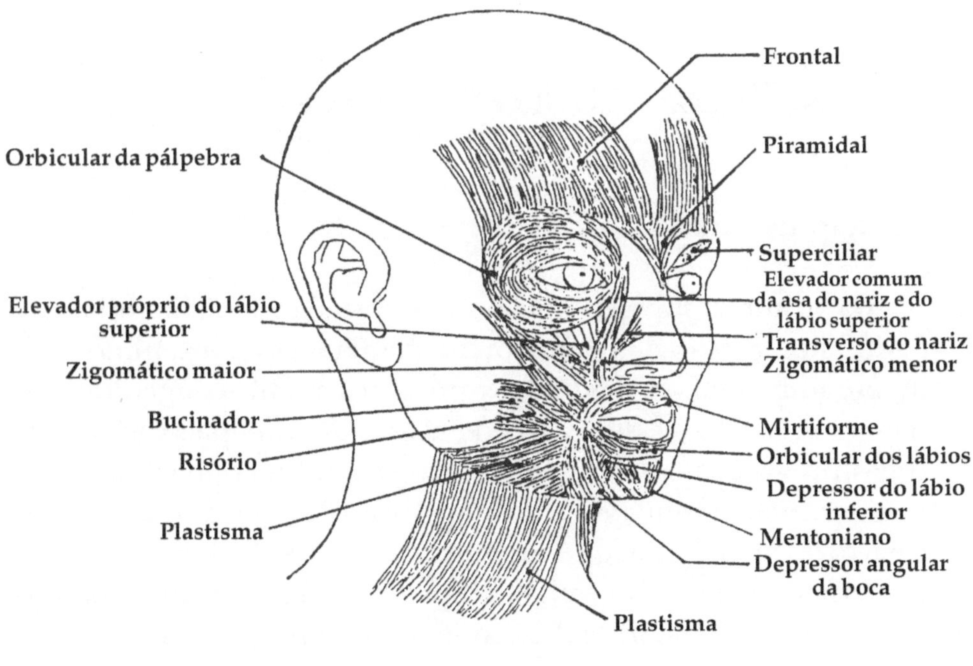

Alguns músculos fixam-se diretamente nas camadas próximas da derme e da hipoderme cutânea por apenas uma de suas extremidades. A contração destes músculos se reflete como retração, esticamento ou enrugamento da cútis.

Tensões, emoções e sentimentos provocam contraturas constantes que, aliadas às contrações dos músculos faciais, se manifestam como rugas e sulcos.

As contrações dos músculos faciais podem ser de origem:

Externa: calor, frio, umidade, vento, secura.

Interna: euforia, alegria, medo, raiva, insegurança, preocupação, tristeza, melancolia, angústia, ressentimentos, mágoas etc.

Mista: acidentes, ferimentos, doenças etc.

O tratamento pode ter dupla abordagem: relaxar ou sedar o músculo ou grupo de músculos que se encontram contraídos; estimular ou tonificar os músculos antagonistas para tentar restituir o equilíbrio.

Rugas, Pregas e Sulcos da Face

Principais causas

Má postura, estresse, exposição demasiada ao sol, hereditariedade, alimentação deficiente ou inadequada, mímica, fumo, poluente ambiental, metais tóxicos, produtos químicos, ar condicionado, vento, frio (resseca a pele) etc., são as principais causas das rugas, pregas e sulcos da face, pescoço e colo. A nicotina desidrata, resseca a pele e contribui para rugas precoces. Sugar ou tragar o cigarro faz aparecer pequenos sulcos ao redor da boca.

Os raios solares ressecam a pele provocando o envelhecimento precoce. Sem óculos de sol, a tendência é franzir a testa e o canto dos olhos, que deixam marcas. Com o passar do tempo essas marcas viram rugas.

As rugas e linhas de expressão são também, muitas vezes, bloqueios causados por sofrimento, tristeza, preocupação etc. Essas contrações envelhecem o rosto. O mecanismo do envelhecimento decorre do estresse oxidativo, que desencadeia a formação de radicais livres que produzem grandes reações nas estruturas celulares e orgânicas.

Geralmente as rugas começam com finas linhas ao redor dos olhos, nas pálpebras inferiores, ao redor da boca e dos lábios. Com o tempo tornam-se mais largas e profundas ao lado dos olhos (pés de galinha), entre as sobrancelhas e naso labial. Finalmente aparecem nas bochechas, descem até o lado do queixo e ao redor da região do nariz.

As máscaras, cremes e cosméticos usados para tratamento de rugas, pregas ou sulcos ajudam e tratam da pele, mas somente na superfície.

O Shiatsu Facial atua profundamente: estimula os nervos faciais, os músculos e a produção de colágeno, aquece a pele promovendo a distribuição dos nutrientes, melhora a circulação do Ki e do sangue, oxigena o sangue, remove as toxinas, hidrata a pele, previne a flacidez e mantém a pele saudável e bonita com plasticidade natural, livre de tensão.

A revigoração do tônus muscular acontece rapidamente após uma série de massagens porque a circulação é ativada. O tratamento ajuda a retardar o envelhecimento, melhora a energia vital e a flacidez.

Aos 28 anos a mulher é como a lua cheia, brilha, hipnotiza, ilumina. Está no auge de suas aptidões físicas e mentais. É a plenitude do Verão (Yang).

Aos 35 anos, a energia conjugada do Estômago e do Intestino Grosso que se une na face, enfraquece, os olhos tendem a perder o brilho, os músculos começam a ficar flácidos, a face sem viço, o rosto começa a enrugar e os cabelos a cair. Esta é a fase de transição entre o Verão e o Outono.

Para evitar o ressecamento da pele e mucosas, a constipação intestinal, e o envelhecimento precoce, deve-se ingerir muita água, pelo menos 8 copos diariamente, e utilizá-la como primeiro e último alimento.

A alimentação matinal é a mais importante, uma vez que o Estômago ficou vazio por muitas horas durante a noite. A qualidade do alimento que é ingerido ao acordar contribui para um dia saudável, uma energia equilibrada, uma vida harmoniosa. Deve-se comer frutas pela manhã, acompanhadas de sucos ou chás, cereais, pães, torradas ou biscoitos integrais, e substituir o açúcar branco. É importante evitar o uso do leite animal (o homem é o único mamífero que toma leite animal após o desmame) e seus derivados. A quantidade de cálcio fornecida pelo leite é insignificante para as necessidades do organismo. O seu uso é prejudicial porque contribui para a formação e o aumento de muco e secreções em casos de gripes, sinusites, rinites e problemas respiratórios; também forma quadro de umidade no organismo provocando dores e peso no corpo e membros, que se manifestam principalmente quando há mudança de tempo. O leite de soja é mais indicado e mais saudável por ser de origem vegetal.

FISIOGNOMONIA

5

FISIOGNOMONIA é o diagnóstico da condição de saúde através da observação dos sinais e forma da face. Baseia-se na análise de marcas, manchas, sinais, rugas, dilatações, inchaços, escamações, coloração e formato de determinadas "áreas".

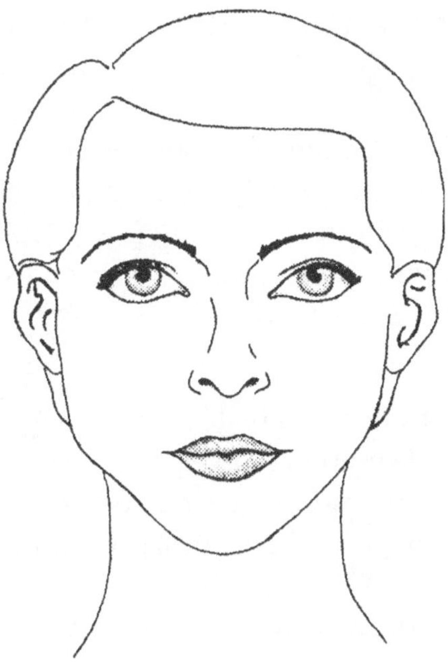

Elementos

No diagnóstico devem ser observados os seguintes elementos: Espírito, Comportamento, Cor da face, Orelhas, Boca e Lábios.

Espírito

Um espírito com vitalidade apresenta músculos firmes, face corada, olhos brilhantes, ativos e com vitalidade interna, mente clara e respiração normal. Um espírito sem vitalidade mostra músculos flácidos, face sem brilho, ressecada e escurecida, olhos opacos, fixos ou movimentando-se descontroladamente, falta de lucidez e respiração claudicante.

Comportamento

Excesso de movimentos ou movimentos bruscos e rápidos, assim como movimentos de partes do corpo como olhos, boca, membros etc., indicam padrão Yang. Movimentos lentos ou estáticos indicam padrão Yin.

A maneira como nos movemos tem relação com o tipo corpóreo dos Cinco Elementos. (Ex.: Tipo Fogo – move-se rapidamente (movimentos lentos indicam disfunções); Tipo Metal – move-se com lentidão (movimentos rápidos indicam disfunções).

Cor da face

A cor da face reflete o estado do Ki e do sangue, e está relacionada com a condição da mente. Se a cor é clara com aparência umedecida indica que o Ki do estômago está intacto, se a cor se apresenta ressecada e sem vida indica um estômago comprometido.

VERDE: tonalidade esverdeada indica desarmonia do Fígado (Frio).

VERMELHO: tonalidade avermelhada indica desarmonia do Coração (Calor).

AMARELO: tonalidade amarelada indica deficiência do Baço ou umidade (Calor).

BRANCO: face pálida descorada indica deficiência (Frio), de sangue ou de Yang.

PRETO: tonalidade escura indica frio, dor ou deficiência no Yin do Rim.

Orelhas

Orelhas brancas indicam padrão de Frio; vermelhas, de Calor; pretas ou azuladas indicam dor.

Lóbulos ressecados, flácidos e pretos indicam exaustão do Ki do Rim.

Lóbulos secos e flácidos são sinais de mau prognóstico.

Orelhas finas indicam deficiência de Ki ou sangue. Orelhas edemaciadas refletem presença de fator patogênico.

A forma e o tamanho dos lóbulos das orelhas estão relacionados à constituição física e ao Ki do Rim. Um lóbulo longo e espesso é sinal de rim forte e boa constituição; um lóbulo fino e magro reflete uma constituição frágil.

Boca e Lábios

A cor dos lábios deve ser vermelho pálido, um pouco umedecida e brilhante.

Lábios muito pálidos indicam falta de sangue ou Yang. Muito vermelhos e ressecados indicam Calor no Baço ou Estômago.

Lábios roxos ou azulados indicam estase de sangue. Secos e vermelhos, são sinal de que o Calor começou a danificar os fluidos do organismo.

Boca levemente aberta indica deficiência do Pulmão (a não ser que o nariz esteja obstruído).

Cor esverdeada ao redor da boca indica estase do sangue no Fígado e invasão do Baço pelo Ki do Fígado.

DIAGNOSE VISUAL

6

DIAGNOSE visual é o diagnóstico baseado na observação das áreas do rosto, que podem se apresentar como rugas, inchaços, descamações, irritações e manchas, entre outros.

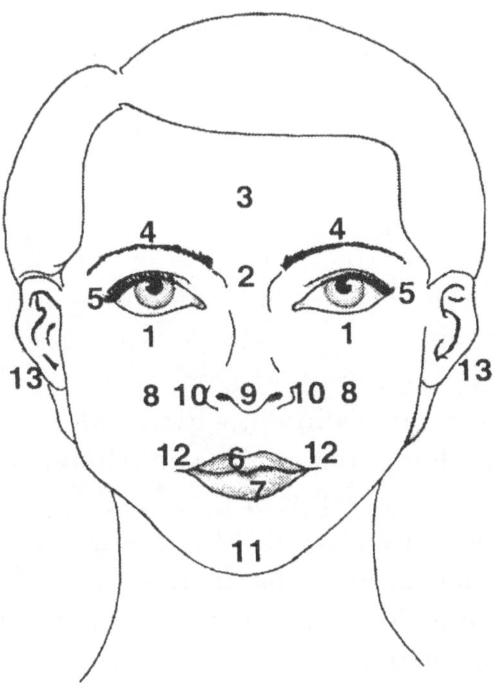

Rosto com as áreas numeradas.

PÁLPEBRAS INFERIORES

Bolsas ou inchaços nas pálpebras inferiores podem indicar acúmulo de líquidos e/ou rins sobrecarregados.

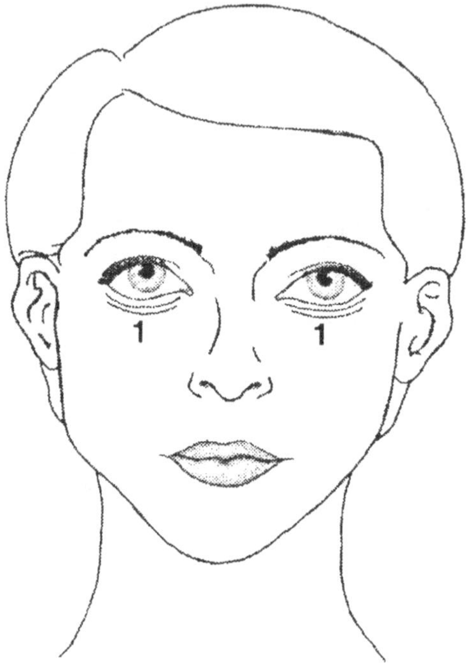

Essa região reflete as condições de distribuição de água e sais minerais no organismo. Ingestão de líquidos em excesso como vinho, cerveja, refrigerantes ou água, principalmente durante as refeições ou consumo de alimentos carregados de sal etc., saturam o organismo e podem se manifestar como bolsas dilatadas e inchadas nesse local, e/ou desequilíbrio na função dos rins.

Cor escura ou aparência encovada, nessa área, indicam má função renal e deficiência energética com comprometimento de todo o organismo. A dificuldade na excreção das águas, sais e toxinas dos elementos metabólicos em geral, torna os rins cansados e doentes, e manifesta-se como dilatações e inchaços, que, com o passar do tempo se transformam em rugas e sulcos bem marcados, indicando sinais de desgaste, envelhecimento precoce e saúde abalada.

Rugas Verticais

Rugas verticais na região frontal, ou sulcos entre as sobrancelhas indicam má função do Fígado ou da Vesícula Biliar.

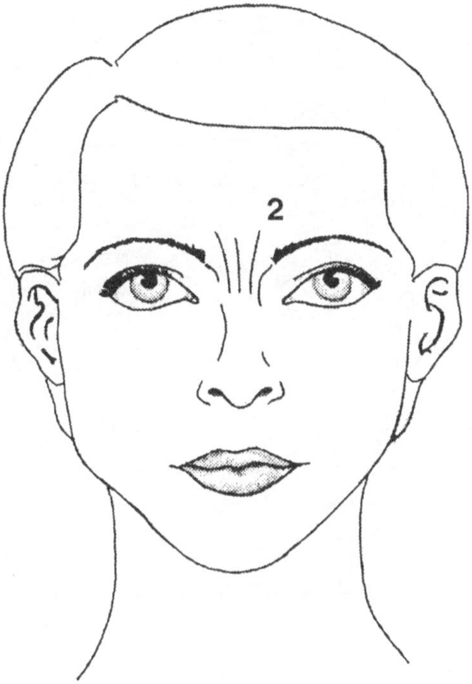

Coloração vermelha ou inchaço, nessa região, indicam congestão do Fígado. O aparecimento de rugas ou sulcos, indicam disfunção do Fígado ou da Vesícula Biliar por substâncias agressivas, ou sobrecarga.

Alcoolismo, excesso de alimentos gordurosos e condimentados, ingestão prolongada de medicamentos etc., irritam o Fígado.

Rugas Horizontais

Rugas horizontais na região frontal indicam pessoas tensas e nervosas.

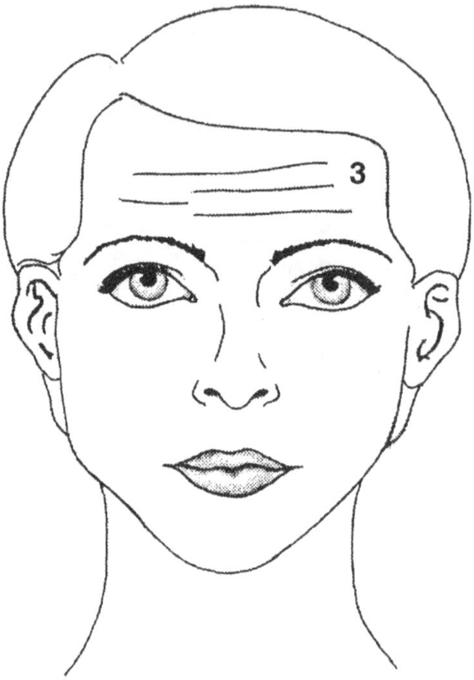

Excesso de trabalho mental, preocupações constantes, tensões, ingestão de alimentos fermentativos (pão branco, açúcar branco, conservas, molhos, toxinas derivadas das carnes e frios em geral) presentes nos intestinos, provocam sulcos profundos, linhas e rugas nessa área.

Colites fermentativas, flatulências e diarréias nervosas são desenvolvidas por pessoas muito tensas e irritadiças (problemas intestinais).

SOBRANCELHAS

A forma das sobrancelhas está relacionada com a função das supra-renais.

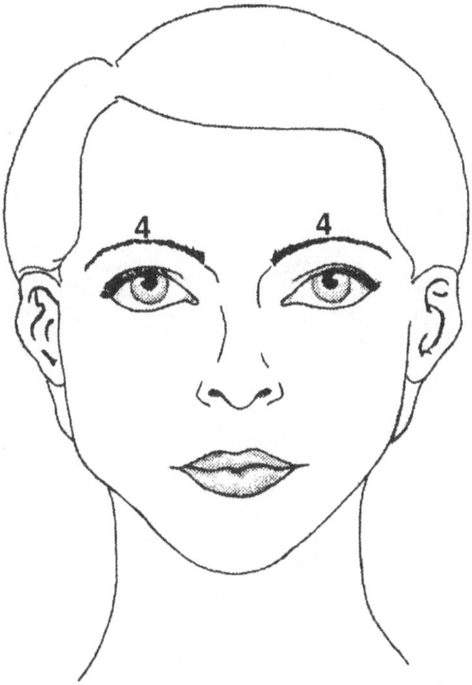

Sobrancelhas caídas sobre os olhos demonstram cansaço e indicam redução da função das supra-renais, o que diminui a resistência a situações de estresse.

A forma grossa ou fina, reta ou angular, indicam a relação do indivíduo com a vida.

Tipos de sobrancelhas e respectivas características:

Finas e fracas – dificuldade frente a conflitos e situações difíceis.

Despenteadas e fortes – pessoa ativa, trabalhadora, inteligente.

Horizontais – intransigência, firmeza de caráter, paixão ideológica, nobreza.

Grossas e cheias – maior resistência e adaptabilidade às tensões cotidianas.

RUGAS PARA-OCULARES

Rugas para-oculares ou "pés-de-galinha" no canto externo dos olhos podem indicar excesso de hormônio no organismo.

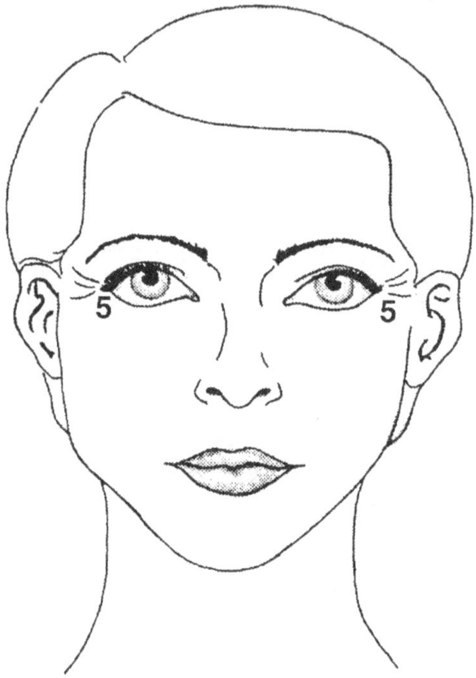

As rugas para-oculares ou "pés-de-galinha" significam envelhecimento do organismo por desgaste bioenergético ligado a perturbações originadas por atividade sexual intensa ou excesso de hormônio no organismo. Este excesso pode ser ocasionado por hiperatividade dos ovários, testículos, supra-renais, hipófise ou ingestão contínua e prolongada de hormônios sintéticos (anticoncepcionais, por exemplo). Nos homens revela produção excessiva de hormônio devido a vida sexual abusiva, com desgaste e envelhecimento prematuro.

LÁBIO SUPERIOR

O lábio superior corresponde ao Estômago, função gástrica e início do intestino, duodeno e jejuno.

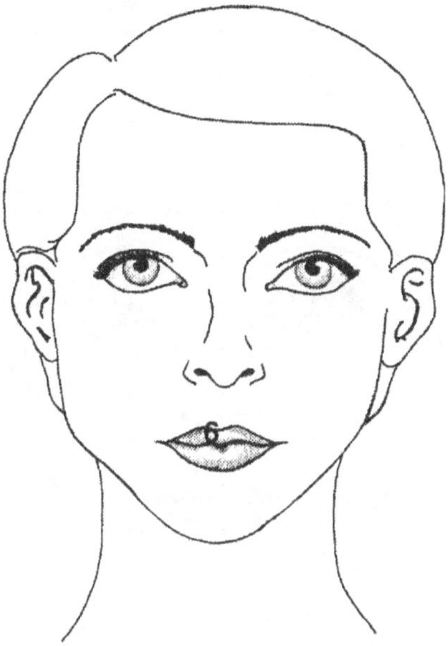

Lábio superior rachado, com sulcos, aftas, inchaço, palidez, vermelhidão etc., indica problemas ligados ao intestino, duodeno e jejuno.

Vermelhidão e inchaço– Estômago inflamado.
Esbranquiçado– Estômago fraco.
Aftas na mucosa– fermentação no Estômago e Intestino.
Palidez– Estômago com pouca secreção digestiva ou anemia.
Rachado– fermentação antiga, Estômago e duodeno deficientes
Herpes freqüente– baixa resistência imunológica.
Ressecado e sem vida– distúrbios nervosos que se refletem no Estômago, doença gástrica psicossomática, úlcera nervosa.
Grosso– Estômago dilatado e vísceras digestivas desproporcionais.
Sulcos e inchaços– Estômago hiperativo com produção de acidez em excesso.

Observação: Quando os órgãos voltam às condições normais, os sinais tendem a desaparecer. (Boca grande tem mais fome e mais sede.)

Lábio Inferior

O lábio inferior tem relação com o Intestino Grosso.

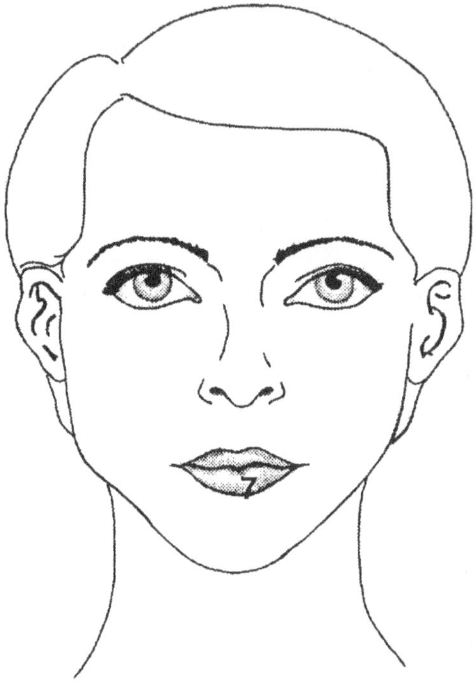

Segundo a Medicina Oriental, lábio inferior espesso indica Intestino Grosso dilatado ou de calibre maior do que o normal. É hereditário no que se refere a abusos alimentares dos parentes de gerações anteriores. Pessoas com o lábio inferior espesso sofrem de intestino preso, flatulência, acúmulo de resíduos e cólicas.

O aparecimento de sulcos, rachaduras, aftas, herpes, ressecamentos, vermelhidão etc., mostra semelhança com a área 6, voltada para o Intestino Delgado terminal (íleo), cólon ascendente, cólon transverso, cólon descendente e reto.

Os sinais nesta região são comumente resultado de fermentações, dilatações, gases, acúmulo de resíduos e putrefações provenientes de alimentação rica em produtos industrializados, massas, molhos e toxinas alimentares variadas.

Maçãs do Rosto

As maçãs do rosto revelam a saúde geral do organismo.

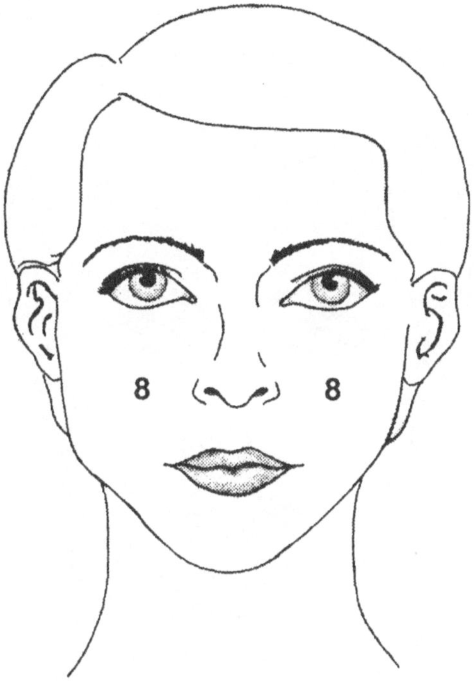

Quando essa área se apresenta pálida, acinzentada, sem vida, reflete saúde deficiente e falta de oxigenação dos tecidos (circulação periférica deficiente). Tabagismo, doenças degenerativas etc., tornam a energia vital debilitada, com carência de oxigênio e nutrientes nas células. Vermelhidão nessa área sugere dilatação de pequenas veias e grandes vasos internos.

PONTA DO NARIZ

A região da ponta do nariz corresponde ao Coração e ao sistema cardiovascular.

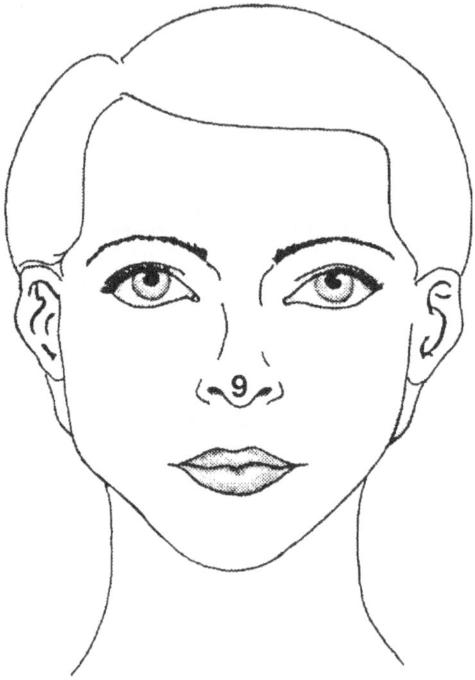

Coloração vermelha, aparência dilatada ou levemente inchada sugere angina pectoris, pré-infarte e dilatação do Coração.

Pequenas veias e vasos dilatados nesta região alertam para problemas no Coração.

ASAS DO NARIZ

A região das asas do nariz representa os Pulmões.

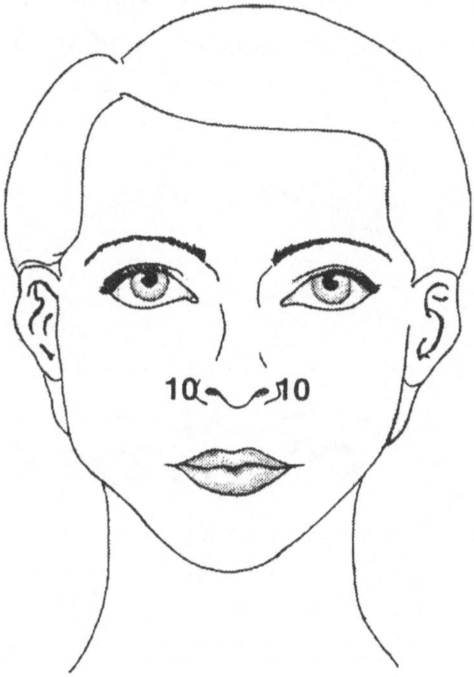

Pequenos vasos dilatados, inchaços e descamações indicam dilatações da árvore respiratória e inflamações do tecido bronquiolar pulmonar.

QUEIXO

A região do queixo e abaixo do lábio inferior revela condições funcionais específicas ou características hereditárias. Refere-se à influência do aparelho genital, do sistema hormonal e do sistema simpático e parassimpático na personalidade, temperamento e bioenergética.

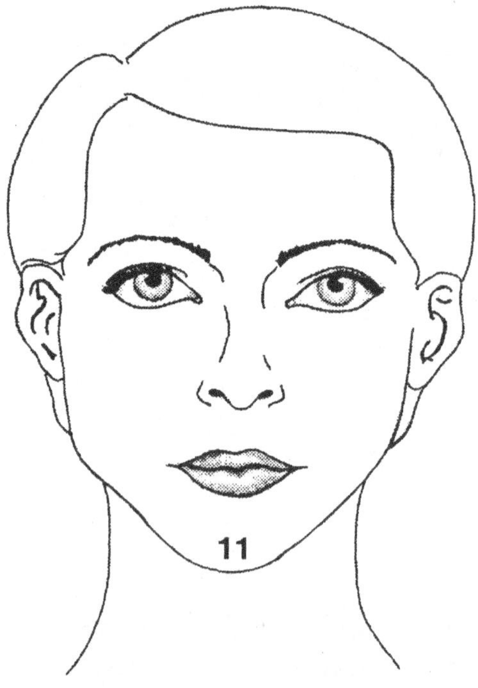

A leitura do queixo, na Medicina Oriental, mostra o tipo de impulso ou de relação com a vida.

Muito gordo e brando – glutonismo e sensualidade.

Harmonioso – natureza fina e intelectual.

Redondo e curto (sem volume) – tímido, retraído.

Anguloso – natureza fina, decidida, perseverante.

SULCOS

Sulcos profundos entre as asas do nariz e a boca podem ser hereditários.

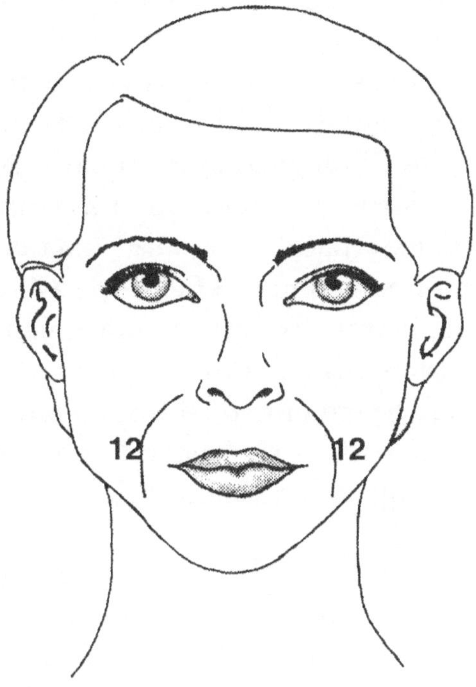

Sulcos profundos e precoces podem indicar excesso de funções orgânicas como: alcoolismo, excessos sexuais, abusos alimentares, líquidos em excesso, drogas, vida noturna intensa, irritação do Fígado etc.

PAVILHÃO AURICULAR

O pavilhão auricular assemelha-se à posição de um feto humano invertido. O lóbulo representa a cabeça e a face, o restante se relaciona com a coluna, tronco, membros superiores e inferiores, pélvis, pés. A parte interna representa zona endócrina, sistema nervoso, órgãos e vísceras.

O formato e os sinais apresentados pelas orelhas dão informações precisas sobre a saúde e a constituição de cada pessoa.

Existem relações fisiológicas entre o pavilhão auricular e as diversas partes do corpo. Quando um órgão ou parte do corpo apresenta um problema patológico, surge uma alteração de sensibilidade em determinado ponto reflexo do pavilhão auricular.

A auriculoterapia trata exclusivamente da colocação de agulhas, sementes, cristais e esferas de ouro ou prata nos pontos reflexos das orelhas para tratamento de diversas enfermidades, partes do corpo, órgãos internos e suas funções, o que auxilia e acelera o tratamento com a acupuntura sistêmica.

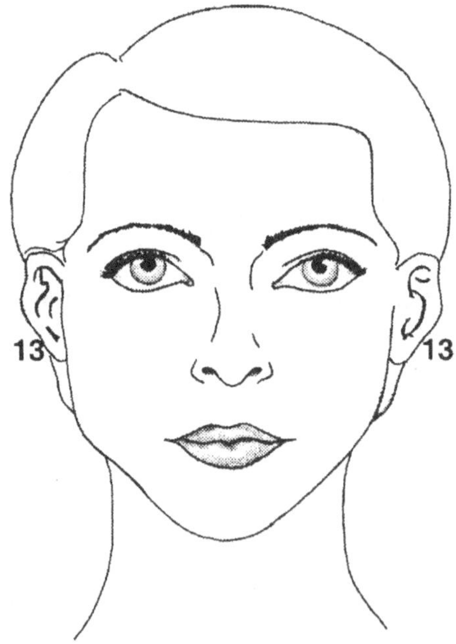

Meridianos da Cabeça

7

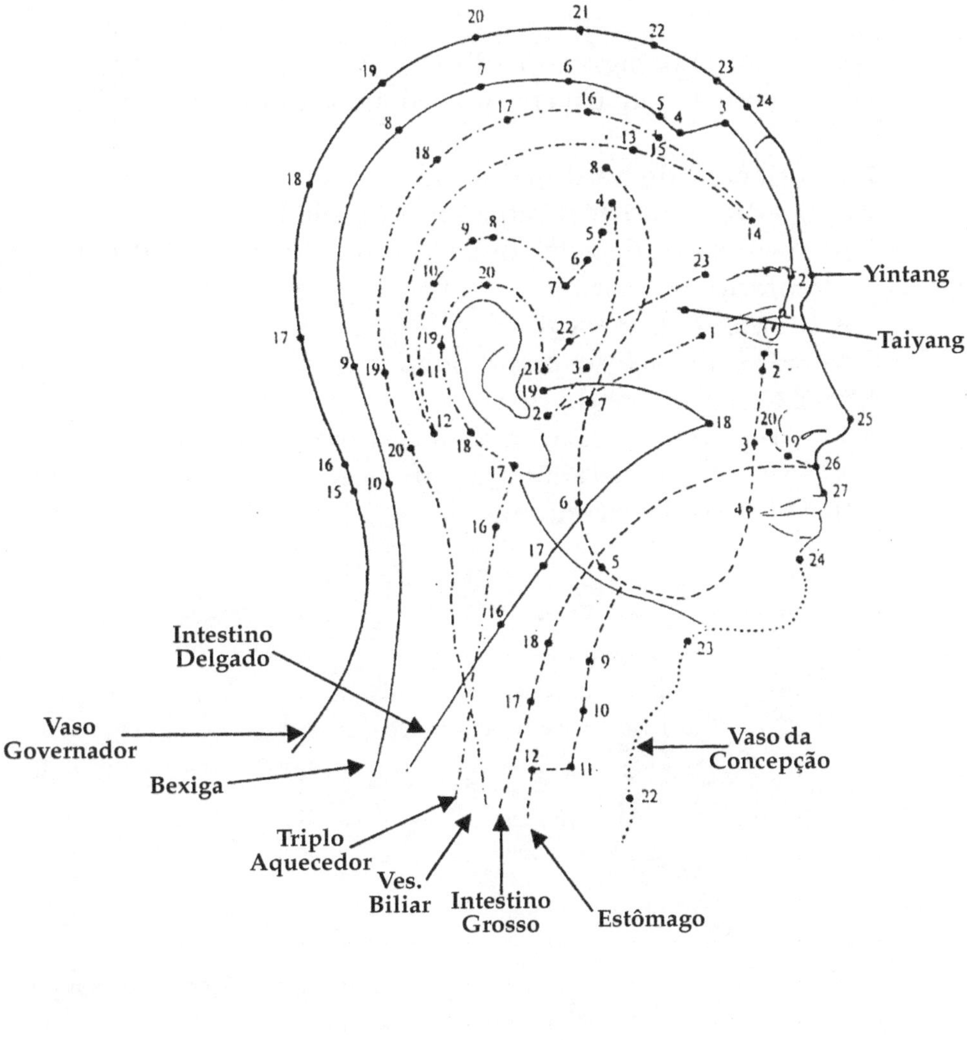

Bexiga – B
Estômago – E
Intestino Delgado – ID
Intestino Grosso – IG
Triplo Aquecedor – TA
Vesícula Biliar – VB
Vaso da Concepção – VC

Pontos Principais

Pontos B, E e VB

B 1 – no ângulo interno do olho
B 2 – na linha média, na parte medial da sobrancelha

E 1 – por cima do bordo orbitário
E 2 – na depressão do forâmen infra-orbital
E 3 – na linha vertical da pupila, na linha horizontal da borda inferior do nariz
E 4 – no canto da boca
E 5 – na borda da fossa mandibular
E 6 – no ângulo mandibular
E 7 – na depressão baixa da borda do arco zigomático
E 8 – ½ tsun* acima da linha do cabelo, no canto súpero-lateral
E 9 – sobre o seio carotídeo

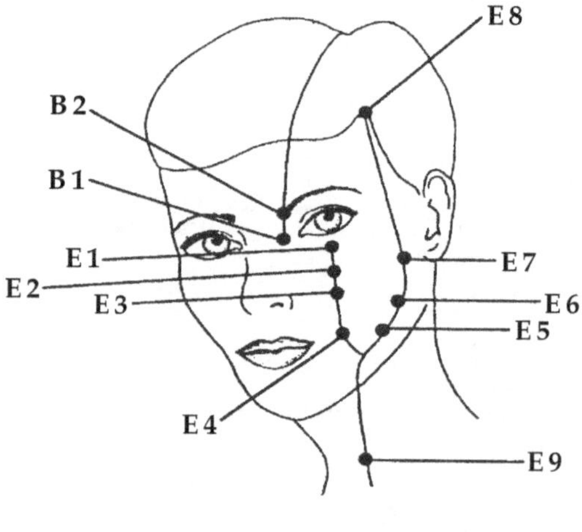

Pontos dos meridianos B e E

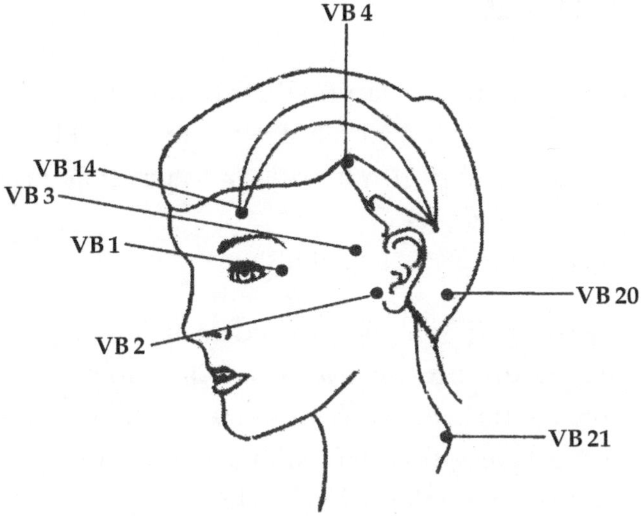

Pontos do meridiano VB

VB 1 – ½ tsun* da borda lateral do ângulo externo do olho
VB 2 – ao abrir a boca, na fossa anterior e inferior do trago da orelha
VB 3 – na frente do ouvido, na borda superior
VB 4 – na região temporal alta, no limite do cabelo
VB 14 – 1 tsun* acima da linha da sobrancelha, perpendicular à pupila
VB 20 – abaixo da borda occipital, na linha média horizontal
VB 21 – 1 tsun* da linha do pescoço

*Tsun = uma polegada

Pontos TA, ID e IG

TA 23 – na extremidade lateral da sobrancelha
TA 21 – na frente da incisura entre o trago e a hélix
TA 20 – no nível do ponto mais alto do pavilhão auricular, no limite do cabelo
TA 15 – na fossa supra-escapular

ID 19 – na frente do ouvido, no oco da articulação
ID 18 – no bordo inferior do osso malar, no nível inferior do nariz e na linha da comissura lateral da pálpebra
ID 17 – atrás do ângulo do maxilar inferior, entre este e o músculo esternocleidomastóide
ID 16 – atrás do músculo esternocleidomastóide

IG 19 – sobre o lábio superior a ½ tsun* do ponto anterior
IG 20 – no bordo inferior na asa do nariz

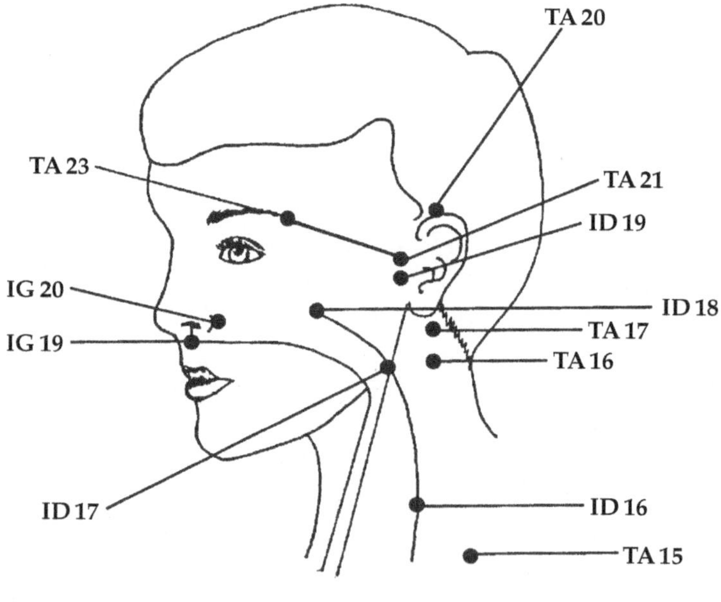

Pontos dos meridianos TA, ID e IG

Pontos VC

VC 22 – no ponto central, na fossa supra-esternal
VC 23 – na linha central do pescoço, no meio ponto entre a cartilagem tireóide e a borda inferior do mandibular
VC 24 – na depressão do mento

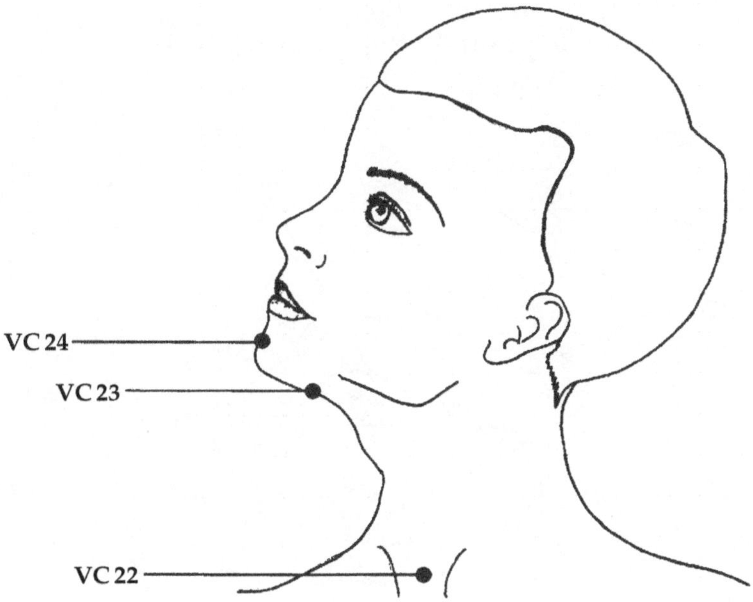

Pontos do meridiano VC

Pontos Extra

Pex 1 – no meio da linha, entre as sobrancelhas
Pex 2 – na depressão entre as extremidades das sobrancelhas e as comissuras externas dos olhos
Pex 3 – na depressão mediana das sobrancelhas
Pex 4 – nas pálpebras inferiores abaixo dos olhos, na borda da margem infra-orbital
Pex 5 – ½ tsun do ponto VC 24 (mento labial)

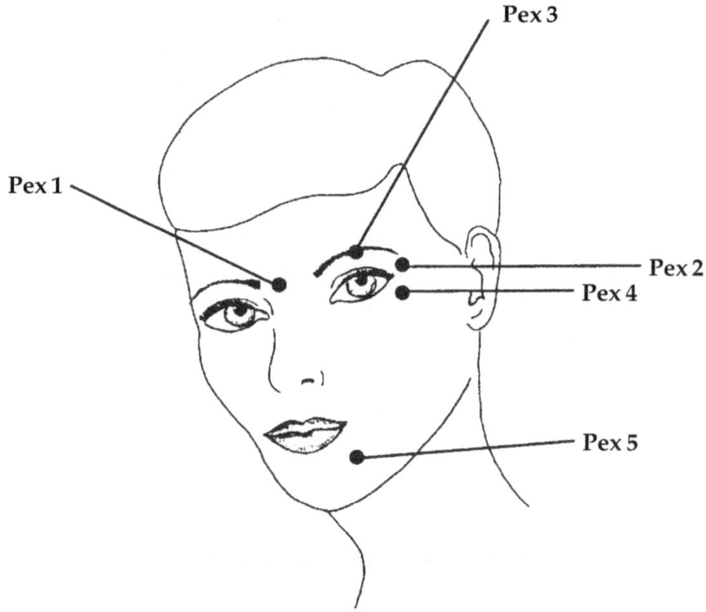

Pontos extra

Sessão de Shiatsu

8

O Shiatsu Facial deve ser praticado em homens e mulheres, uma vez que ambos sofrem a influência dos fatores externos, internos e mistos. A ausência de tratamento ou prevenção desses fatores, acarreta o envelhecimento precoce que se reflete no rosto.

O terapeuta deve perguntar sempre ao paciente, antes do início da sessão, se ele tem problemas de saúde. O Shiatsu Facial não deve ser aplicado quando existe febre, sinusite ou rinite em crise, acne, espinhas ou alguma infecção na pele do rosto, gripe, cirurgia recente, principalmente da face ou pescoço, edemas, inflamações, câncer etc.

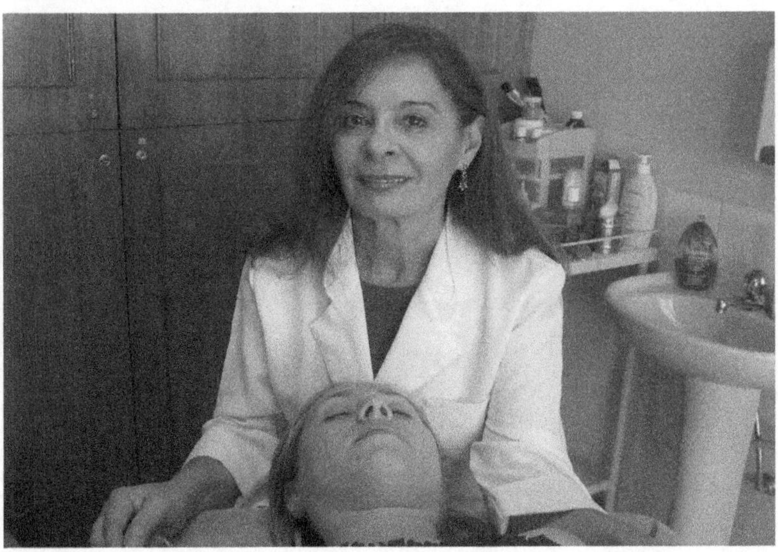

Postura do terapeuta

Após a avaliação do rosto do paciente, devem ser removidos óculos ou lentes de contato, relógio, anéis, pulseiras, brincos, colares etc. O paciente deve ser acomodado confortavelmente em uma maca forrada com lençol, de preferência descartável.

O terapeuta deve passar uma loção ou produto de limpeza no rosto, pescoço e colo do paciente para eliminar impurezas que possam interferir no trabalho. Não há necessidade de usar óleo ou creme na massagem facial, a não ser que a pele do paciente esteja ressecada.

O local deve ter uma temperatura agradável, ser silencioso, sem claridade excessiva e, de preferência, contar com música relaxante.

Observação: O terapeuta deve lavar as mãos com sabão anti-bacteriano antes e depois de cada atendimento.

Duração de cada Sessão

O rejuvenescimento através do Shiatsu Facial compreende quatro estágios: drenagem linfática, relaxamento, tratamento e energização. A duração do relaxamento é de aproximadamente 20 a 25 minutos.

O tratamento e número de sessões depende da necessidade do rosto de cada paciente, ou da marca ou ruga que deseja amenizar. Podem ser acrescentadas técnicas complementares. Com a energização dos meridianos trabalha-se a harmonia e o equilíbrio do fluxo energético da função de cada órgão ou víscera. A duração do tratamento, por sessão, é de 50 a 55 minutos aproximadamente. Para um bom resultado deve ser aplicada uma sessão por semana.

Observação: No final de cada sessão o paciente deve beber um copo de água para ajudar a eliminar, através da urina, as toxinas estimuladas.

TÉCNICAS 9

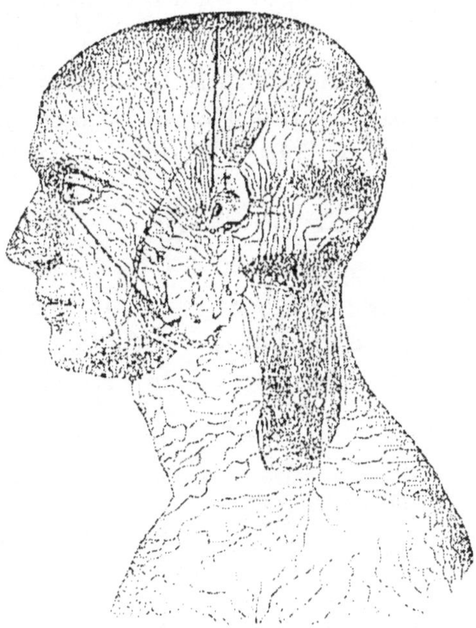

Linfas

Drenagem Linfática Facial

É necessário fazer drenagem linfática facial no início do tratamento com o Shiatsu Facial. Para obter melhores resultados é importante eliminar o excesso de líquidos retidos na face que a deixam com aparência inchada e ajudam a formar as bolsas sob os olhos. A retenção dos líquidos não permite que as toxinas presentes nas linfas sejam expelidas.

Na aplicação da drenagem linfática deve observar-se se o paciente deglute muitas vezes; se isso ocorrer, é necessário que a drenagem seja feita a cada sessão, uma vez por semana, durante um mês. Conforme for diminuindo a deglutição, reduz-se também a aplicação da drenagem linfática.

Não existe contra-indicação para a drenagem linfática. Entretanto, é necessário observar períodos de crise e patologias agudas como: doenças agudas infecciosas, inflamatórias (gripe, sinusite purulenta, tuberculose, tecidos dolorosos, febre etc.), queimaduras, cicatrizes recentes, eczemas, moléstias degenerativas e cancerosas.

Importante: Retirar lentes de contato.

As manobras devem ser repetidas de 7 a 10 vezes com movimentos lentos, suaves, contínuos, harmoniosos, pressão leve e constante.

A drenagem linfática não deve ser dolorosa ou agressiva.

Seqüência Básica da Drenagem Linfática

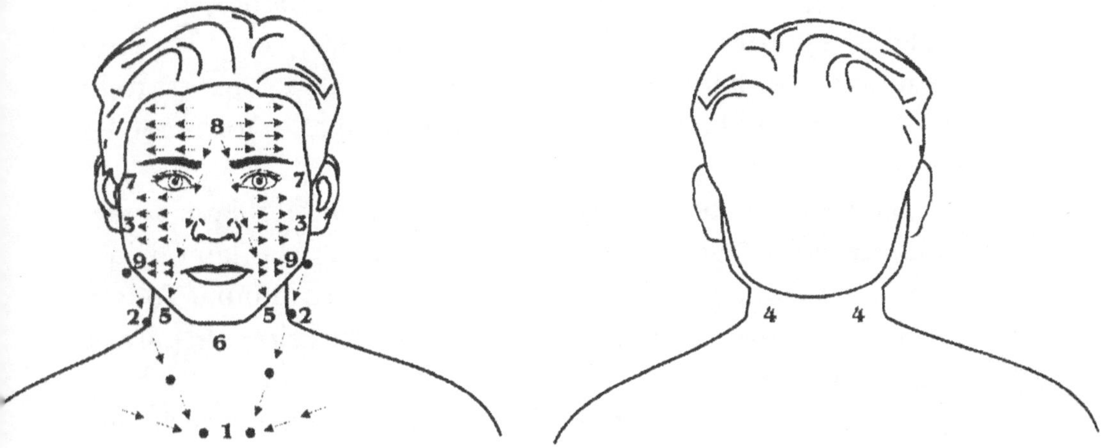

1	Gânglio Fossa Retroclavicular	4	Gânglios Occipitais	7	Gânglio Parótideo
2	Cadeia Esternocicidomastóideo	5	Gânglios Submandibulares	8	Direcionamento da drenagem para baixo
3	Pré auriculares (roda das águas)	6	Gânglios Submentoniano	9	Direcionamento da drenagem para laterais

Fazer a abertura do gânglio axilar puxando as axilas para o terapeuta, 5 vezes suavemente. Colocar as mãos nas laterais dos seios, puxando a pele para o gânglio axilar (ver p. 67). Posicionar as mãos nas laterais do tórax puxando a pele para o gânglio axilar (ver p. 68). Fazer pressão com os polegares, nos ombros (pontos da grande cidade), alternando-os (ver pp. 68 e 69).

Fazer novamente a abertura do gânglio na fossa retroclavicular (ver p. 70). Subir a cadeia esternocleidomastóidea (face anterior) direcionando os dedos para baixo, imaginando um "V" que termina nas orelhas (ver p. 71). Nas pré-auriculares, fazer o movimento "roda das águas", 7 vezes (ver p. 72). Descer pelo mesmo trajeto da cadeia esternocleidomastóidea até a fossa retroclavicular. Retornar pelo mesmo caminho até as pré-auriculares, repetir a roda das águas (ver p. 72), descer pela face lateral do esternocleidomastóide até ao pescoço (inserção craniana do trapézio) (ver p. 73) e fazer um bombeamento. Subir pelo mesmo trajeto repetindo a roda das águas nas pré-auriculares (ver pp. 73 e 74). Continuar com a drenagem dos gânglios no occipital.

A drenagem linfática facial começa pelos gânglios submandibulares, a partir dos gânglios submentonianos, (ver p. 74) direcionando os movimentos dos dedos para baixo, trabalhando todo o contorno mandibular (ver p. 75) até as orelhas, retornando ao mento (ver p. 76).

Imagine uma abertura (em forma de triângulo) que começa em um ponto entre as sobrancelhas, passa pelas laterais das narinas, das comissuras labiais e termina na mandíbula. Todo o movimento da drenagem nesta área deve ser direcionado para os gânglios submandibulares.

Comece pelo mento, com a ponta dos dedos médios, direcionando os movimentos para baixo (ver p. 76). Sobre a linha de expressão abaixo das comissuras labiais, deslize os dedos indicador, médio e anelar (ver p. 76). Acima das comissuras labiais e por cima do lábio superior, sempre com os movimentos para baixo (ver p. 77). Deslize os dedos médios na linha de expressão abaixo das asas do nariz (ver p. 77), nos sulcos nasogenianos, nas asas do nariz e um pouco mais acima (ver pp. 78 e 79), e nos cantos dos olhos, terminando no ponto entre as sobrancelhas. Deslize os polegares, um de cada vez, a partir daquele ponto, até o final da mandíbula, 5 a 7 vezes (ver pp. 80 e 81).

A drenagem continua fora do triângulo, na área das bochechas com o movimento dos dedos para fora, em direção às orelhas (ver pp. 81 e 82), osso malar (ver pp. 82 e 83), pálpebras inferiores (ver p. 84), fissura ocular (ver p. 85), sobre as sobrancelhas (ver p. 86) e linhas da testa (ver pp. 87 e 88).

Para finalizar a drenagem linfática faça a drenagem nas parótidas com movimentos para baixo (ver p. 89), a "roda das águas" nas pré-auriculares (ver p. 89), descendo pela cadeia esternocleidomastóidea (face anterior) até a fossa retroclavicular (ver p. 90).

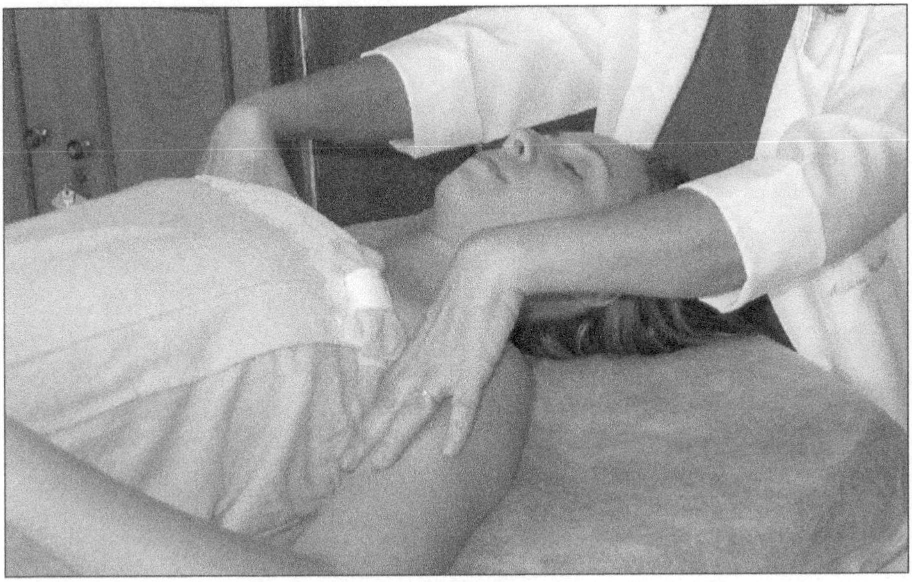

Abertura do gânglio axilar.

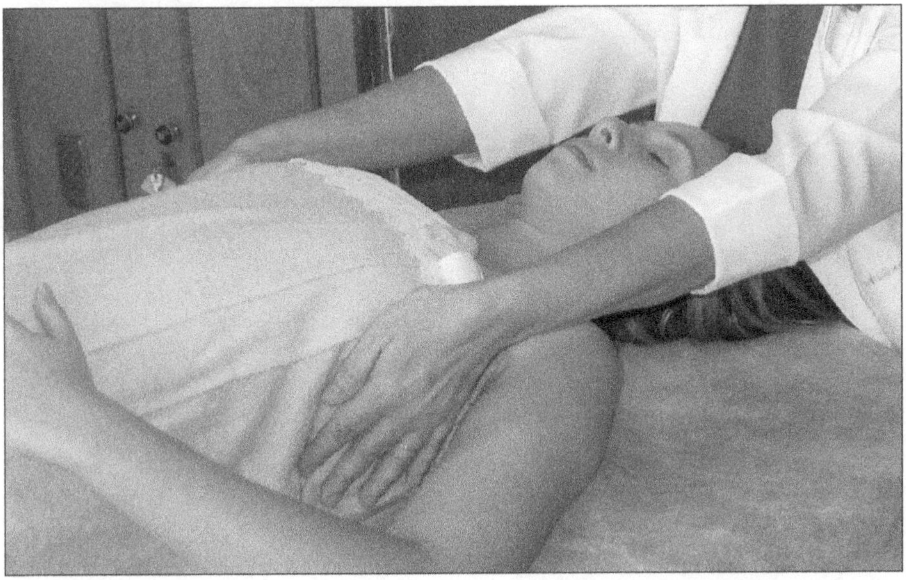

Mãos nas laterais dos seios, puxando a pele para o gânglio axilar.

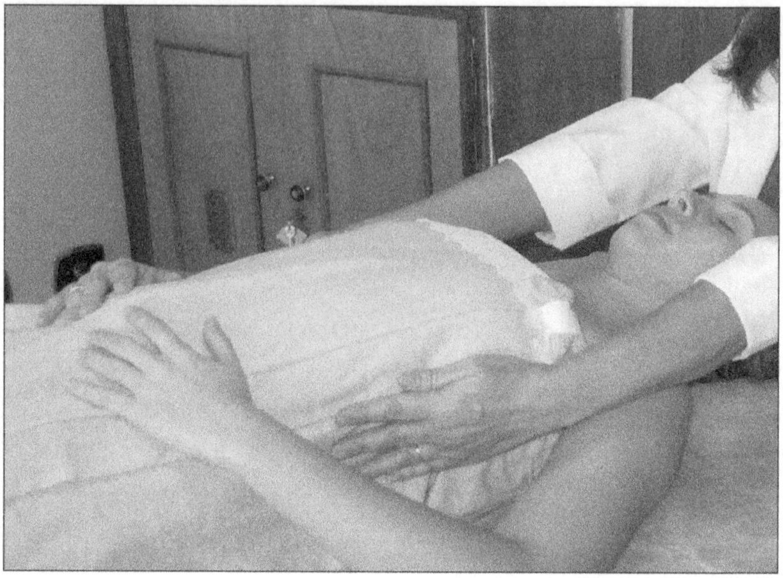

Mãos nas laterais do tórax puxando a pele para o gânglio axilar.

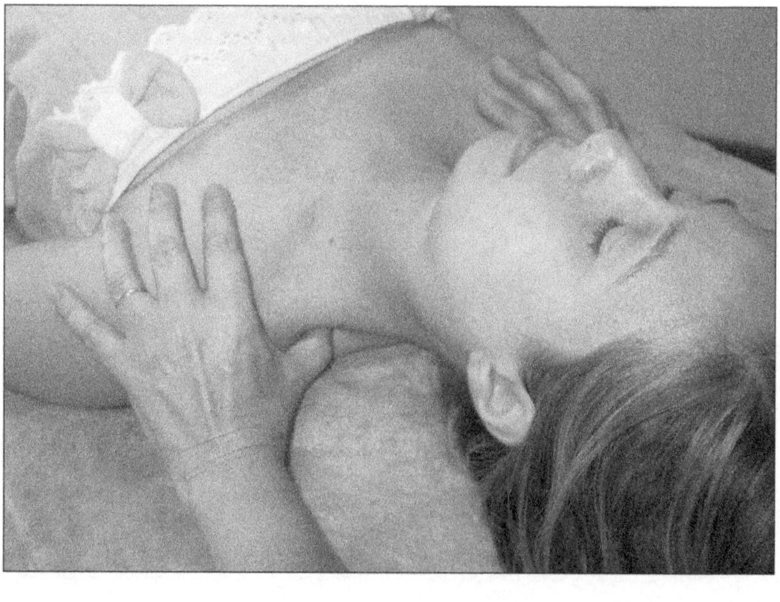

Alternar a pressão dos polegares sobre os ombros.

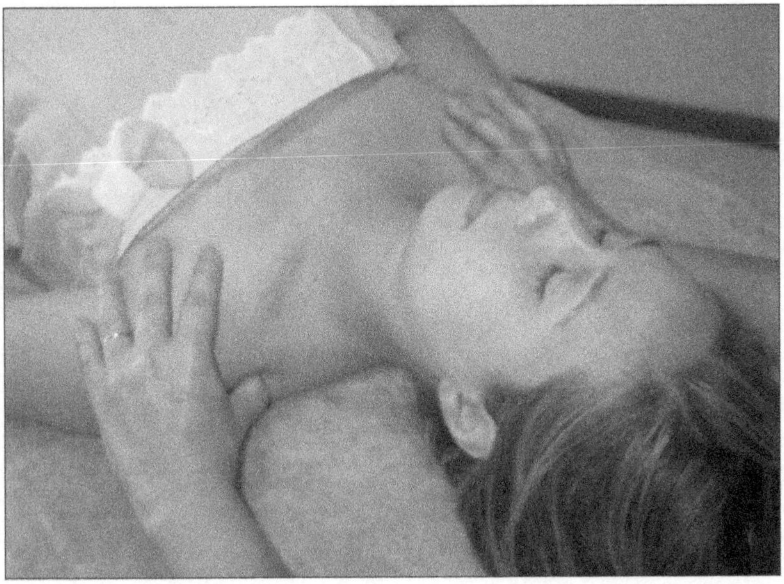

Continuação do movimento anterior.

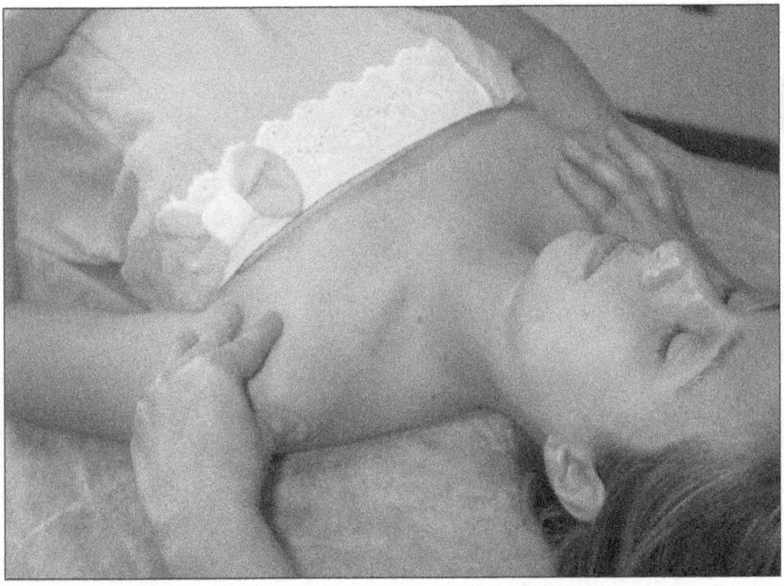

Continuação do movimento anterior.

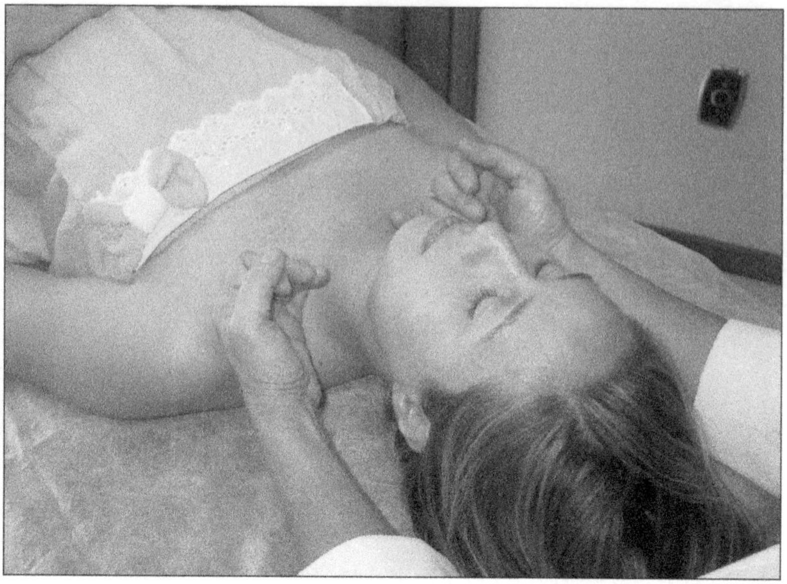

Abertura do gânglio na fossa retroclavicular.

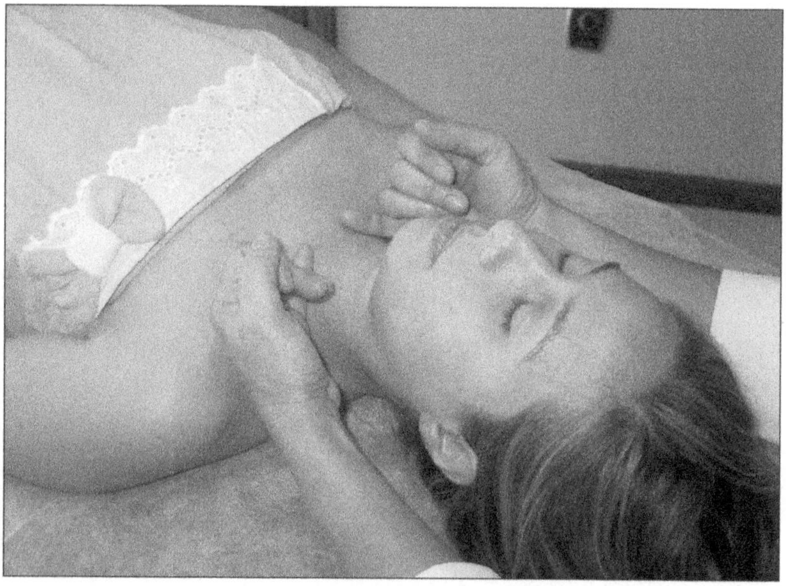

Continuação do movimento anterior.

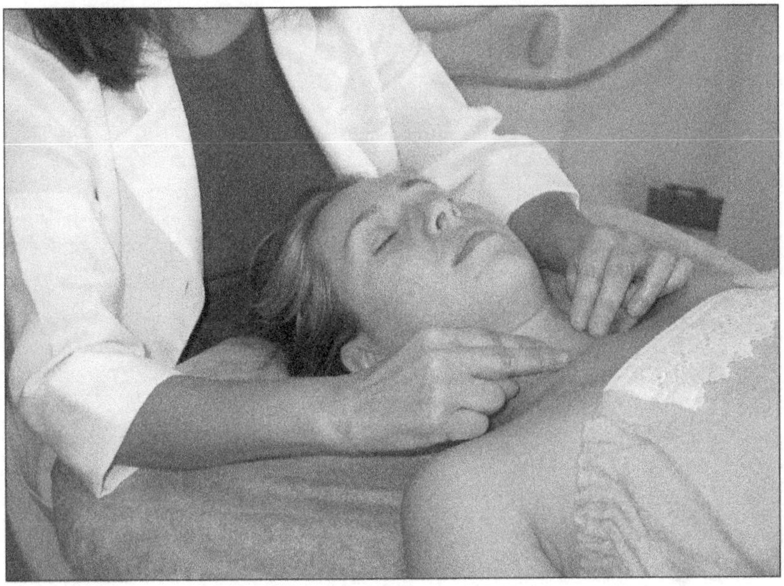

Subir cadeia esternocleidomastóidea (face anterior).

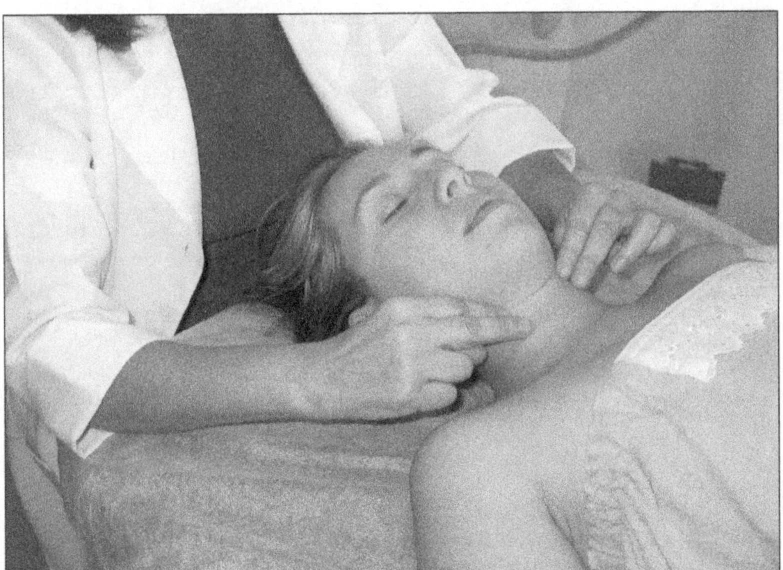

Continuação do movimento anterior.

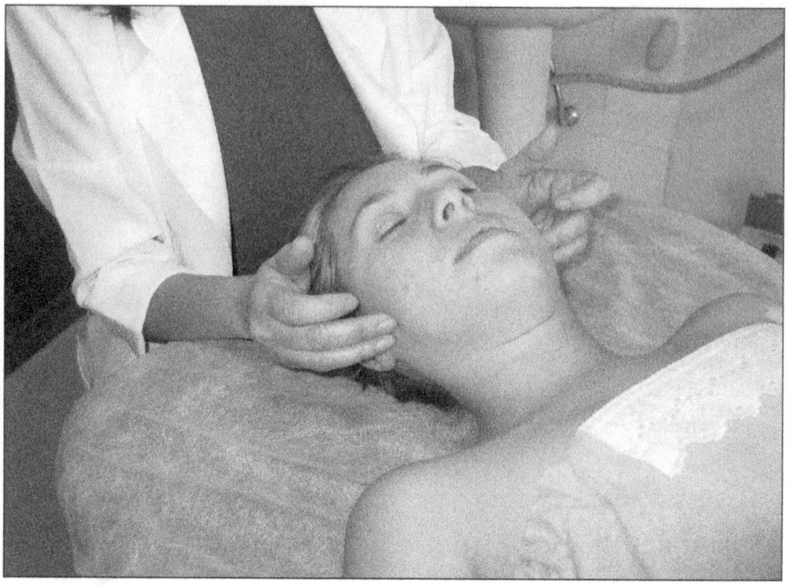

“Roda das águas”.

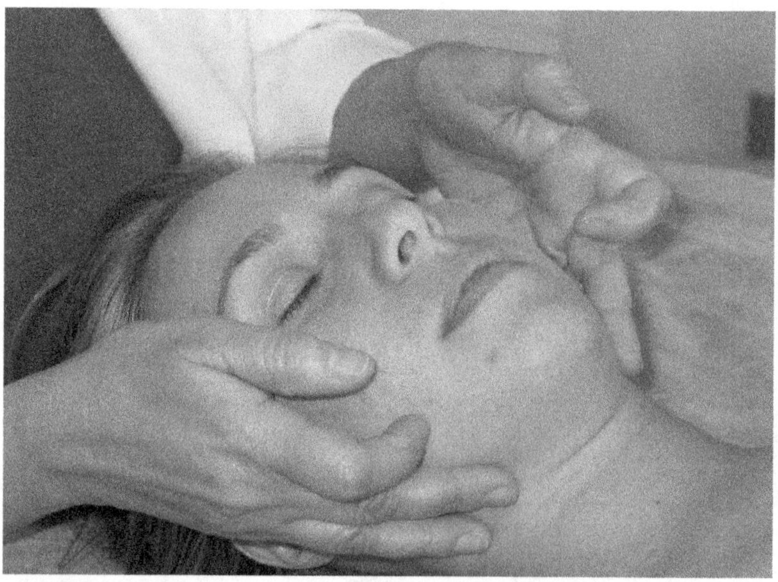

Descer até a fossa retroclavicular, subir pelo mesmo caminho e fazer roda das águas.

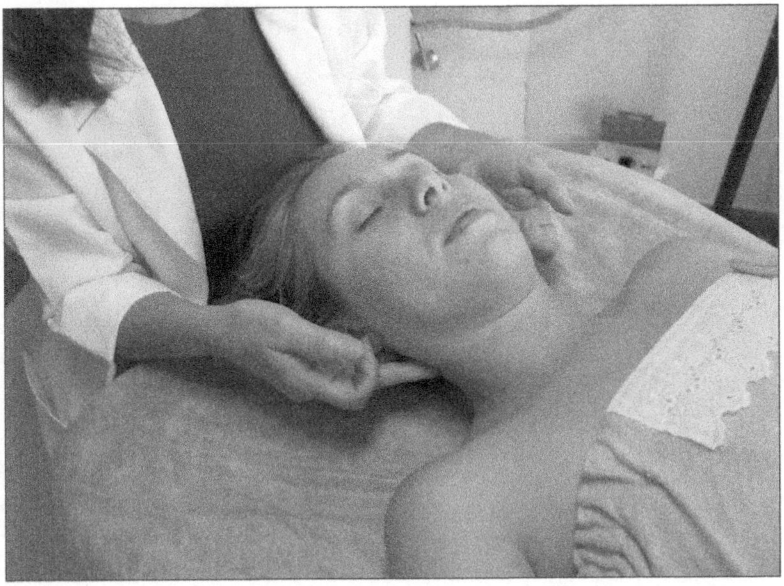

Descer pela face lateral do esternocleidomastóide até ao pescoço.

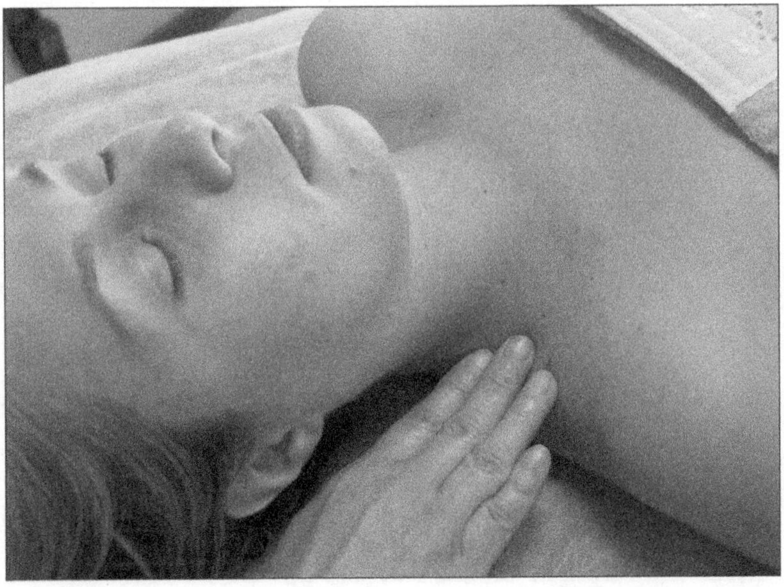

Fazer o bombeamento, subir pelo mesmo trajeto e fazer roda das águas.

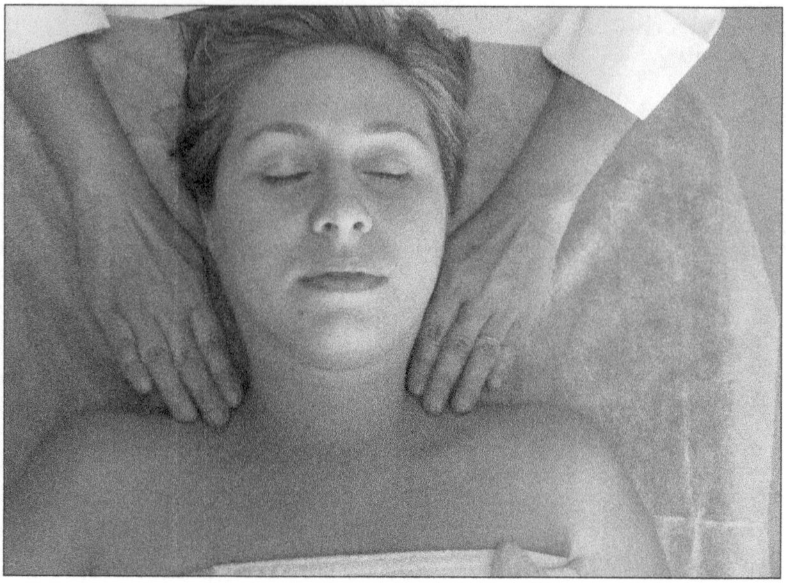

Continuação do movimento anterior.

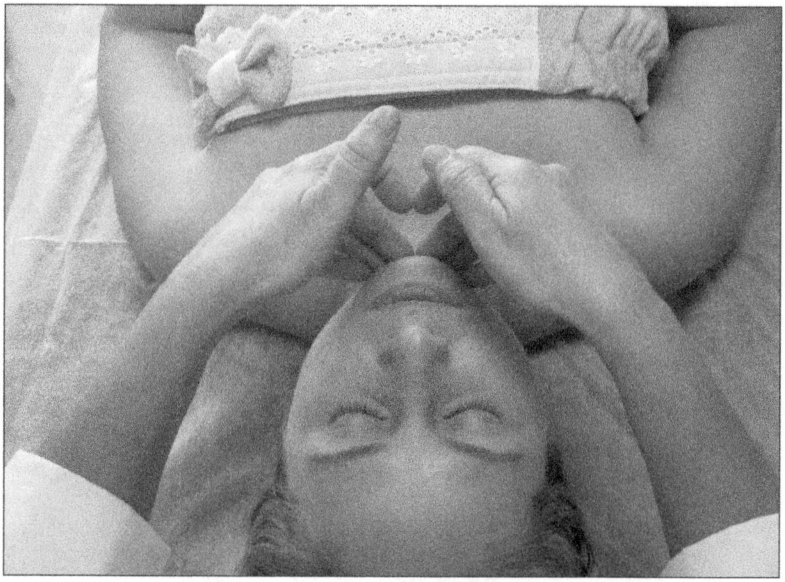

Trabalhar o contorno mandibular a partir do submentoniano até as orelhas e voltar pelo mesmo caminho.

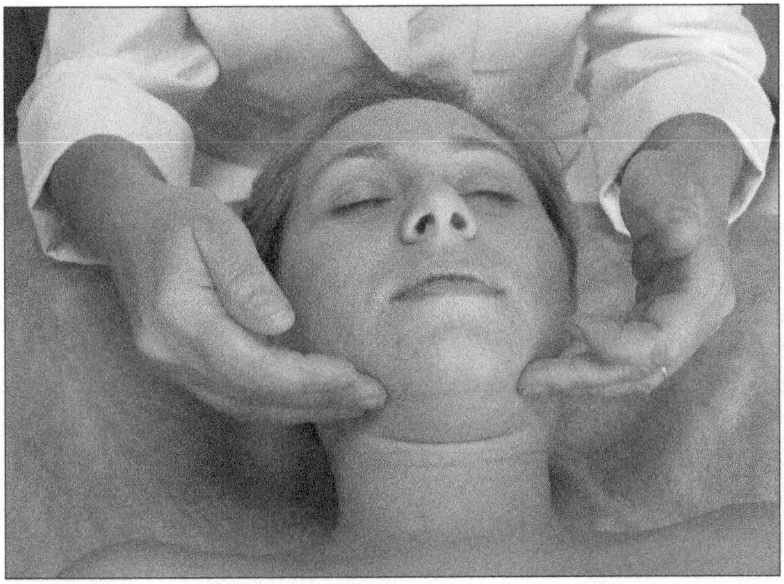

Continuação do movimento anterior.

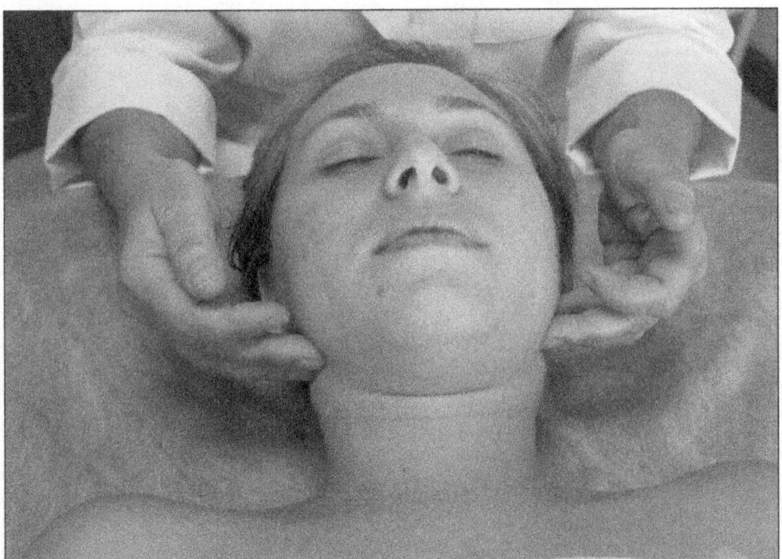

Continuação do movimento anterior.

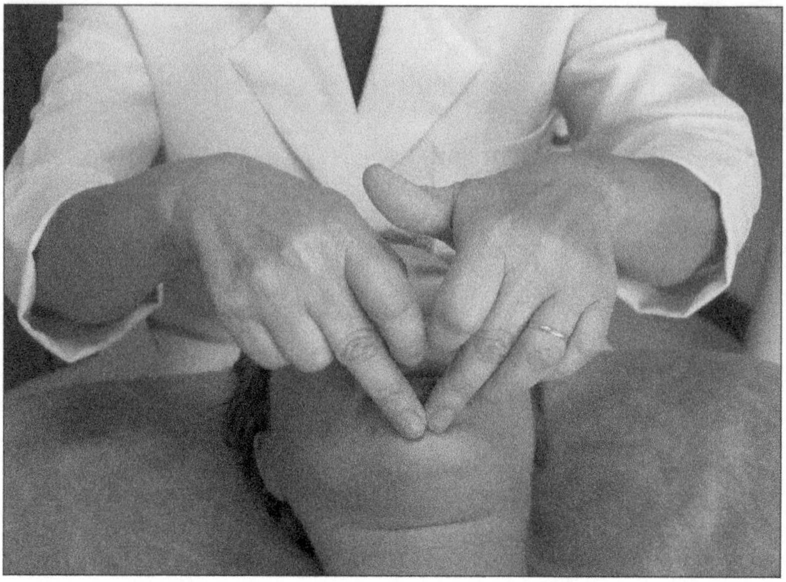

Movimento do mento para baixo.

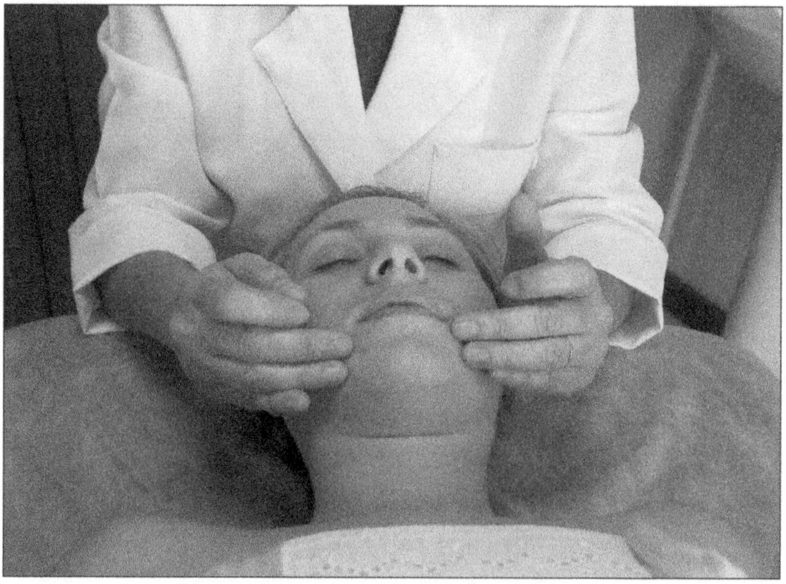

Abaixo das comissuras labiais.

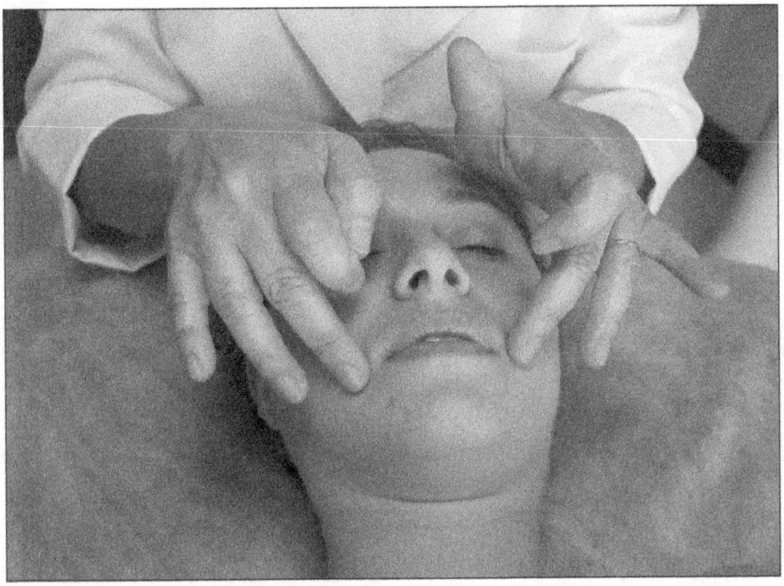

Lateral das comissuras labiais.

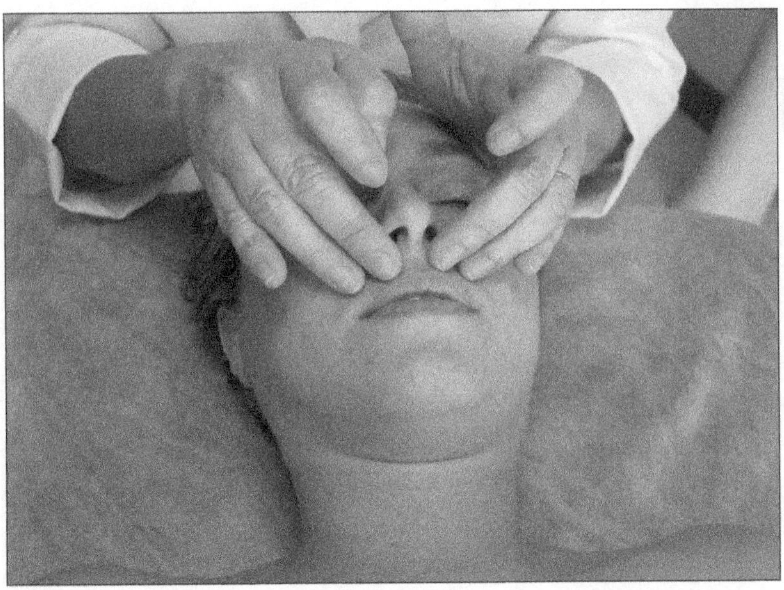

Parabucal.

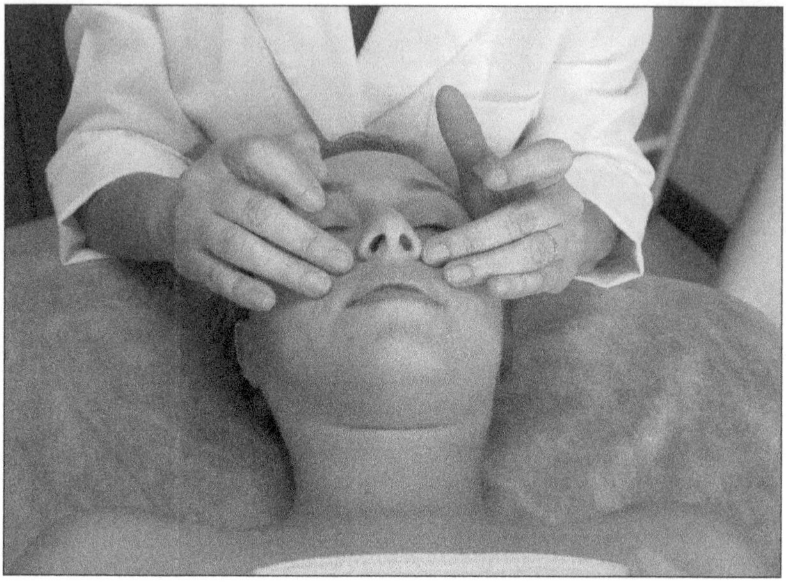

Nasogenianas.

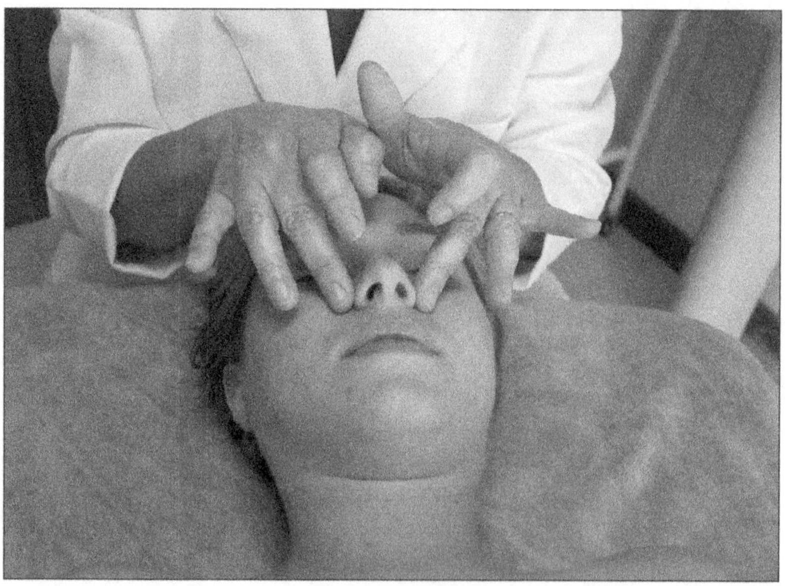

Lateral das asas do nariz.

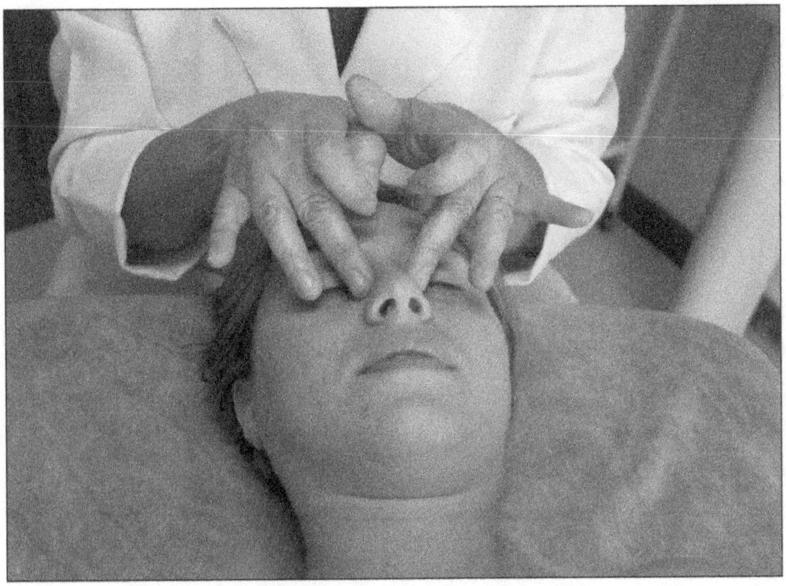

Continuação do movimento anterior.

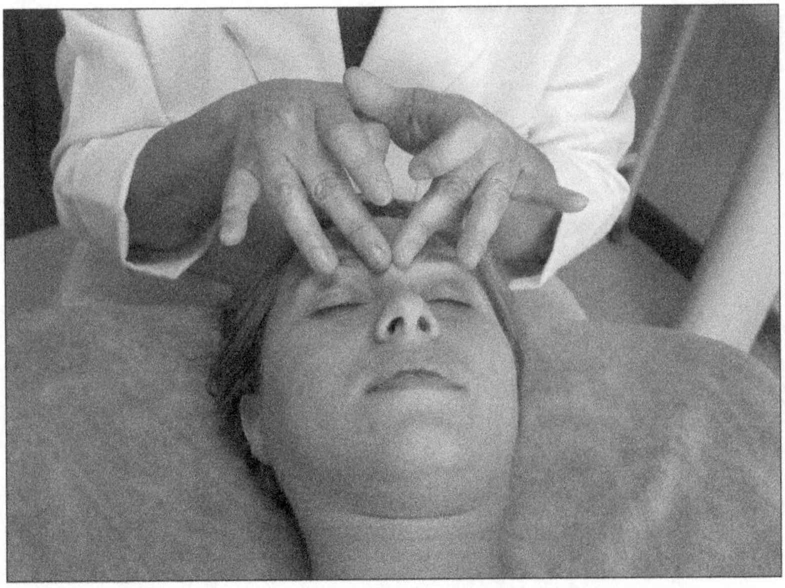

Entre as sobrancelhas, fechando o triângulo.

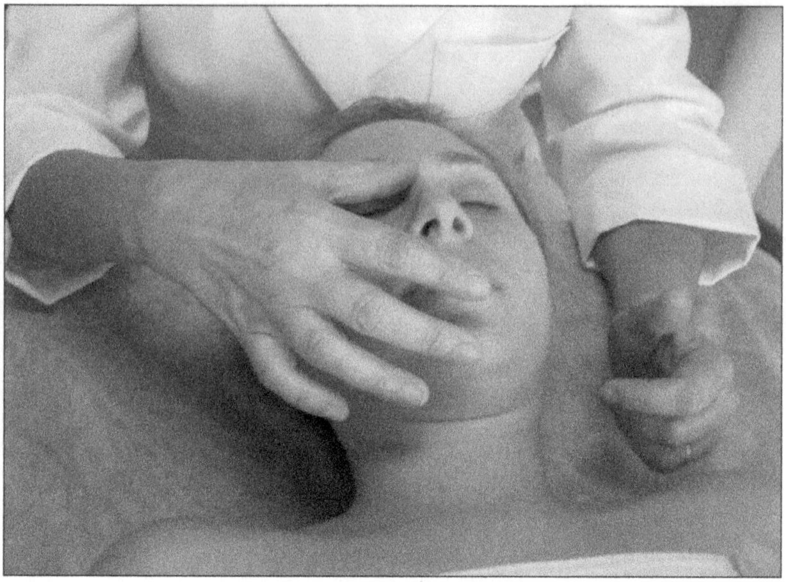

Fonte da juventude.

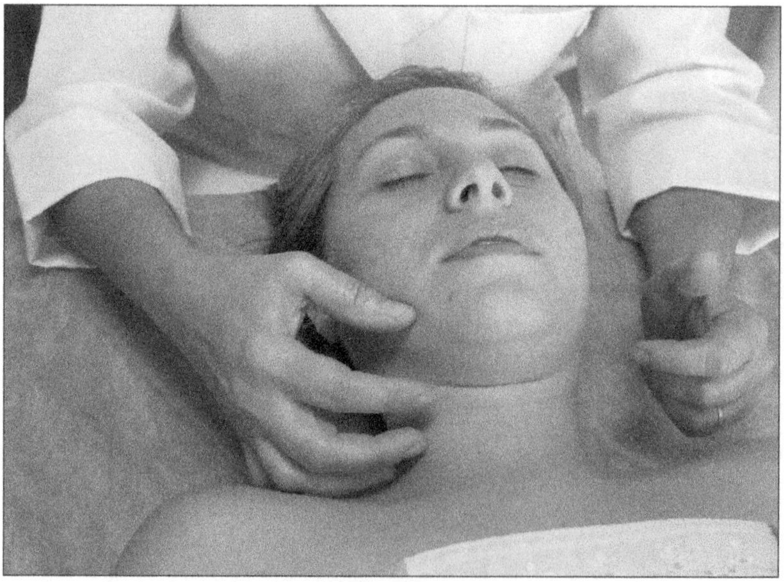

Continuação do movimento anterior.

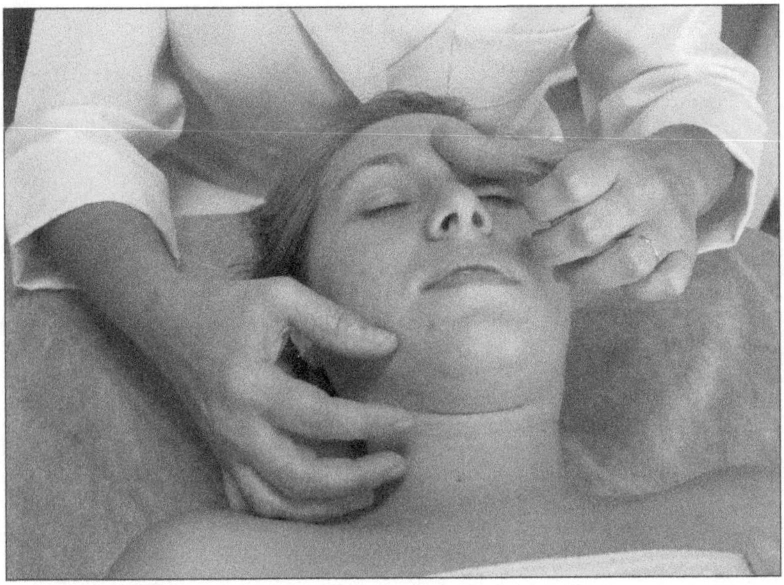

Continuação do movimento anterior.

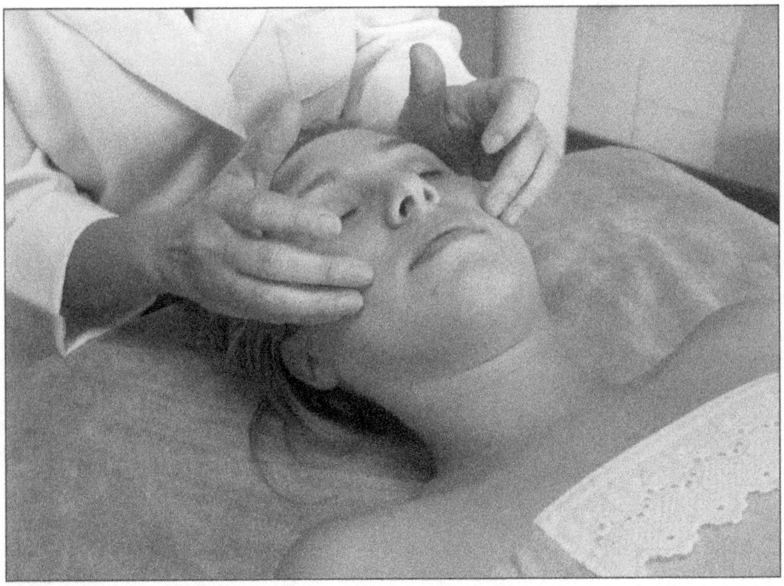

Fora do triângulo, na área das bochechas, em direção às orelhas.

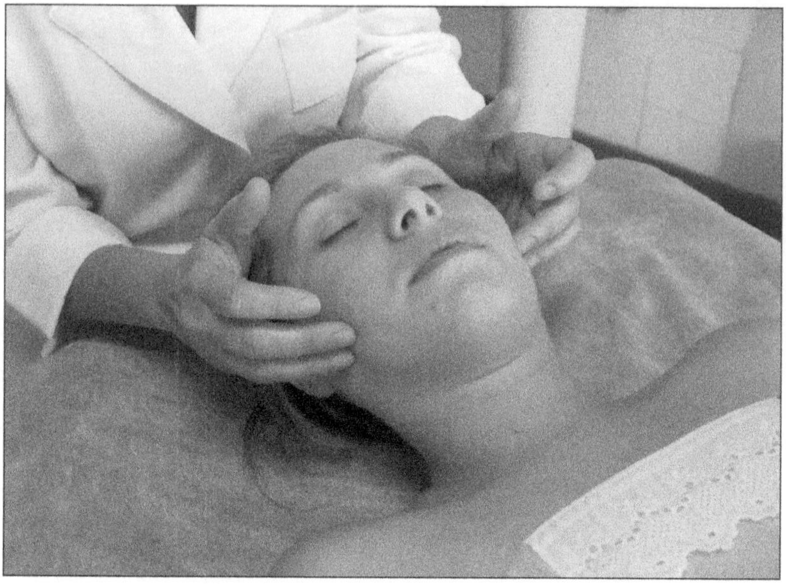

Continuação do movimento anterior.

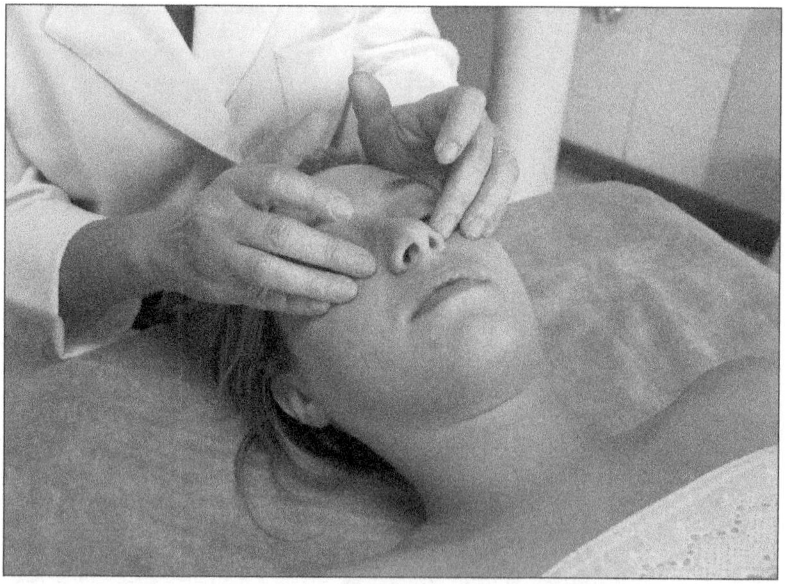

Sobre o malar, sempre em direção às orelhas.

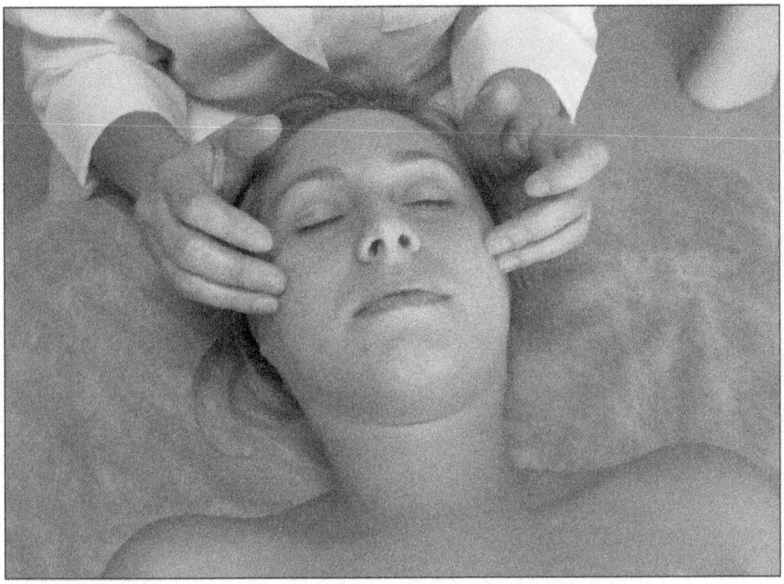

Continuação do movimento anterior.

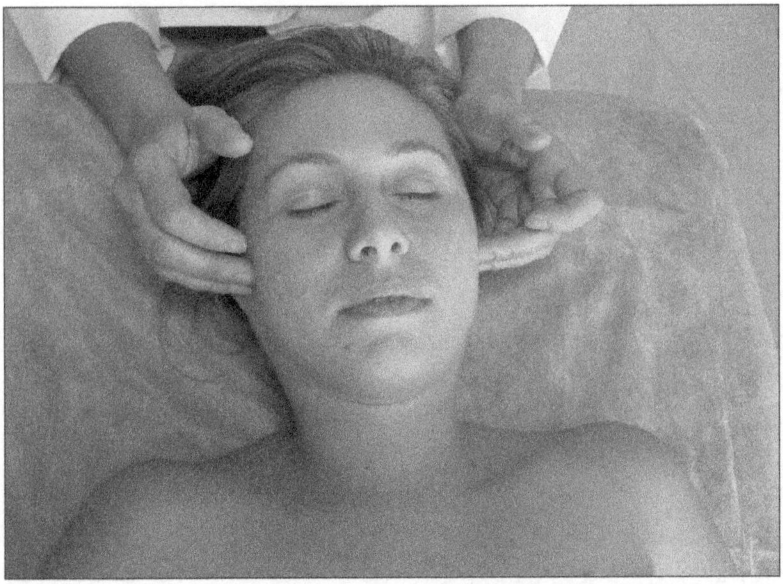

Continuação do movimento anterior.

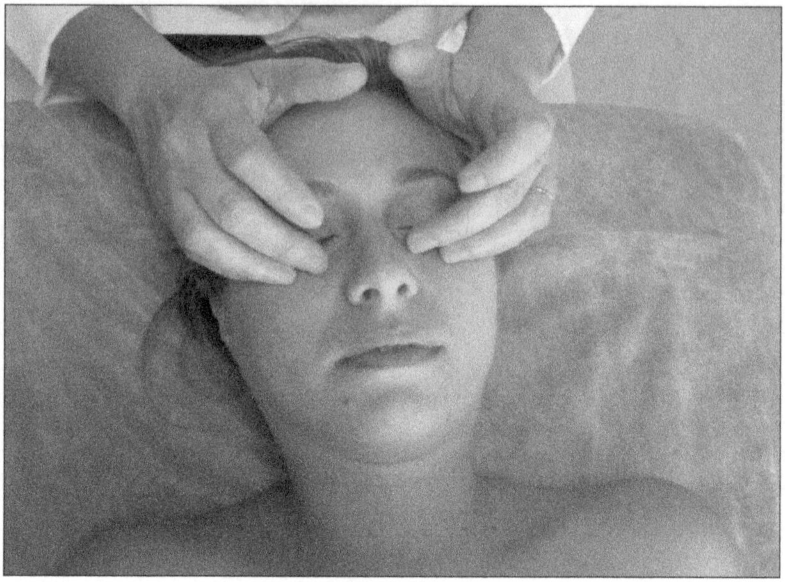

Sob as pálpebras inferiores.

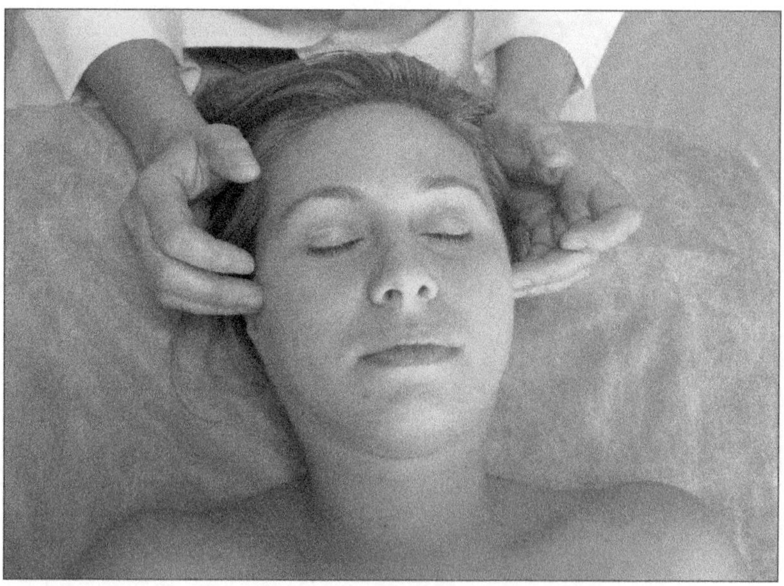

Continuação do movimento anterior.

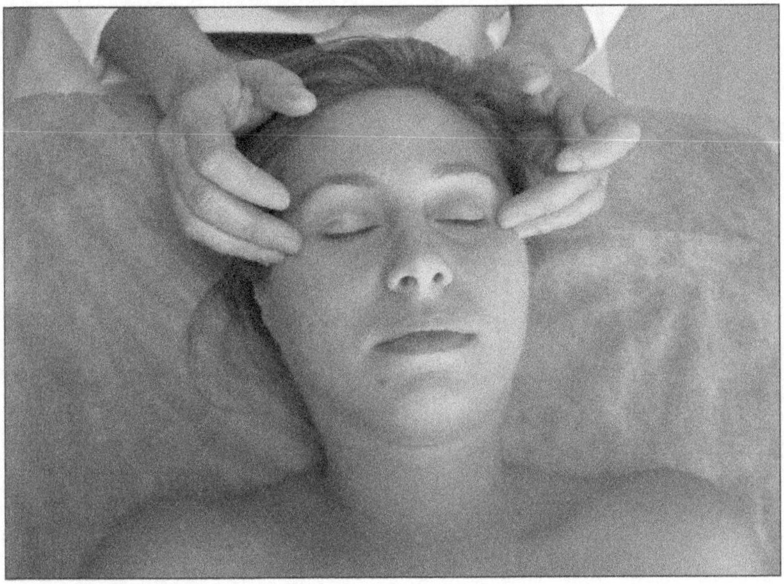

Fissura ocular.

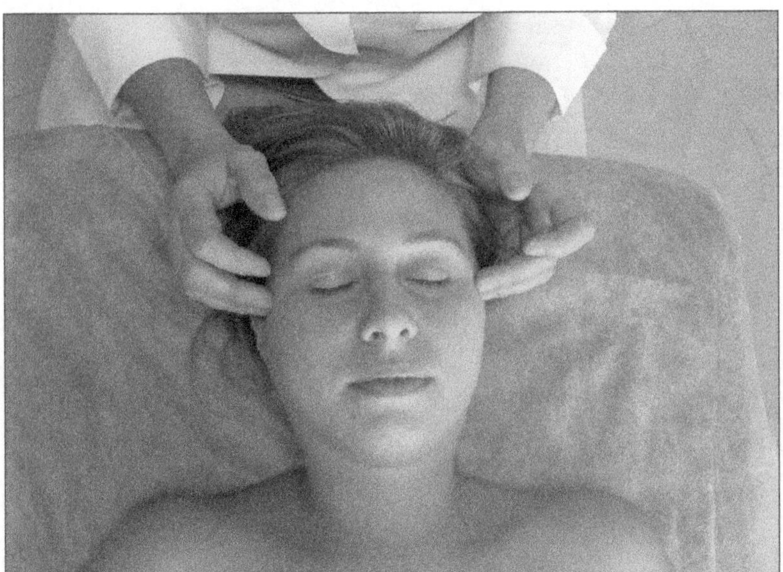

Continuação do movimento anterior.

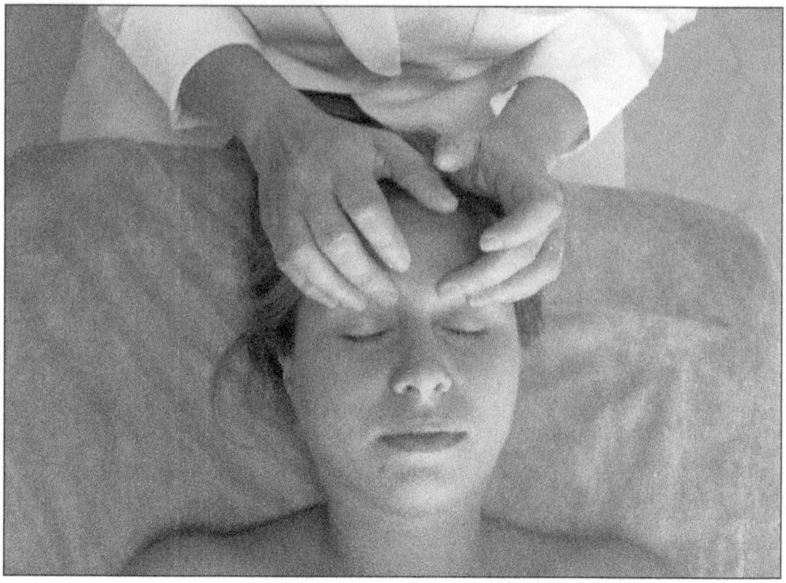

Sobre as sobrancelhas.

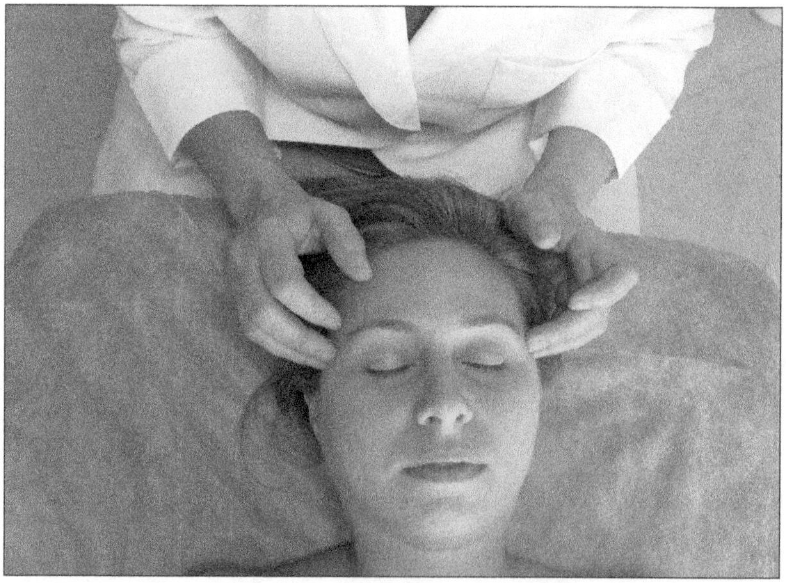

Continuação do movimento anterior.

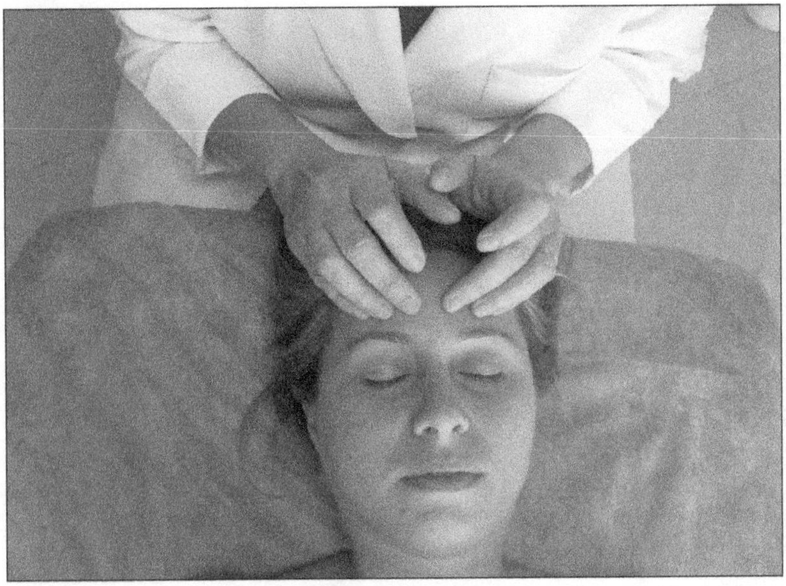

Linhas da testa.

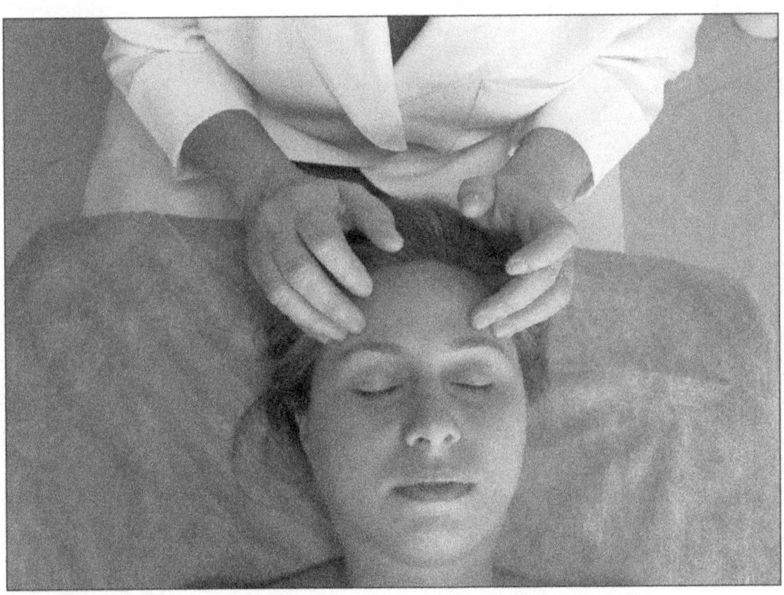

Continuação do movimento anterior.

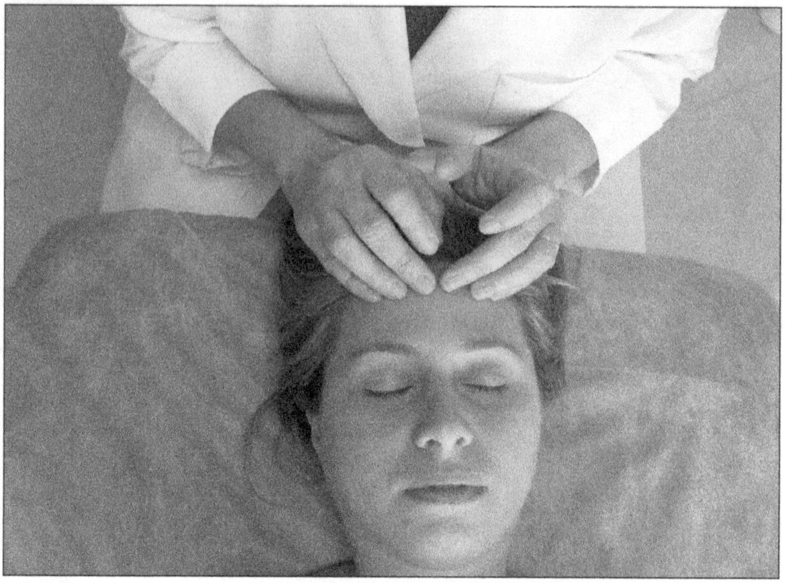

Continuação do movimento anterior.

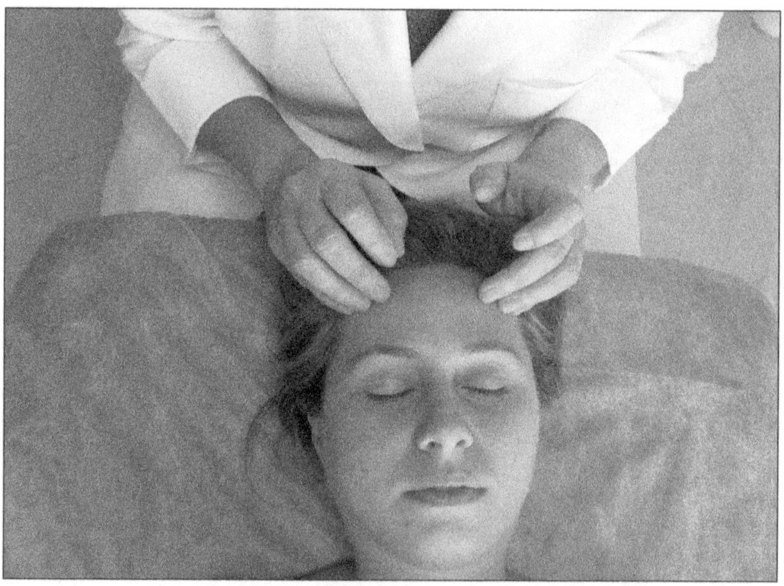

Continuação do movimento anterior.

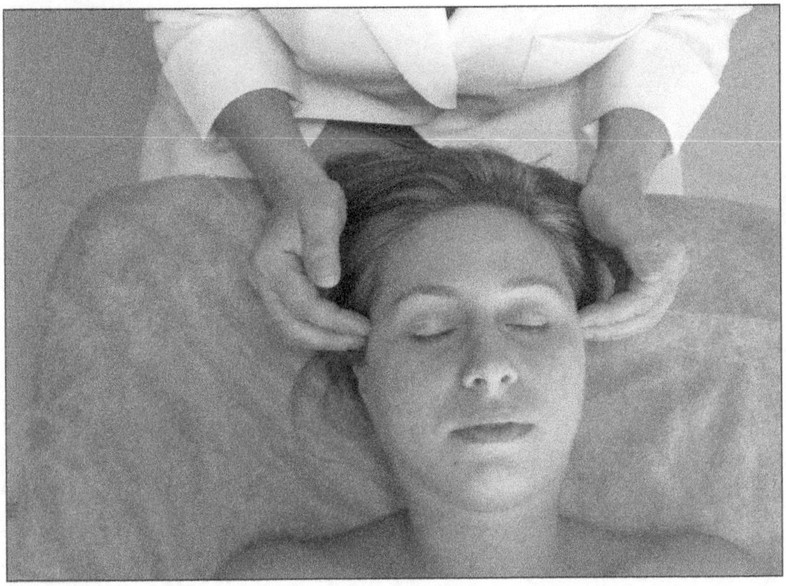

Nas parótidas, com movimentos para baixo.

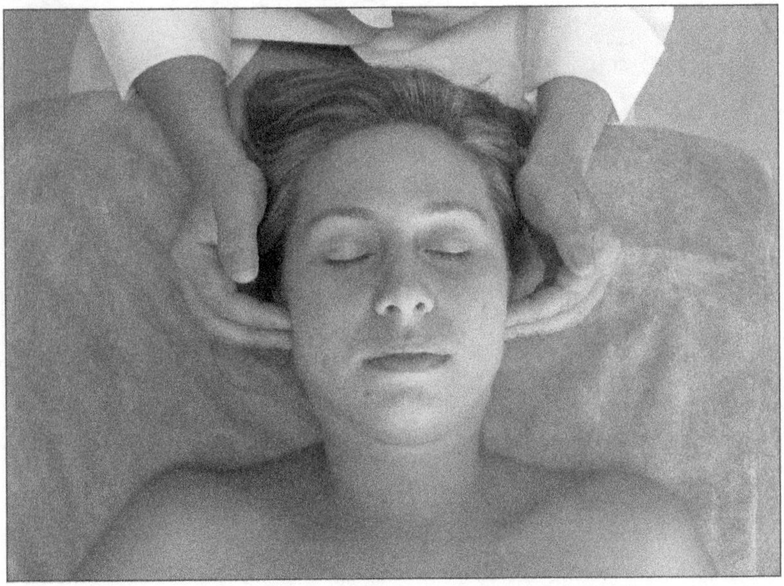

"Roda das águas".

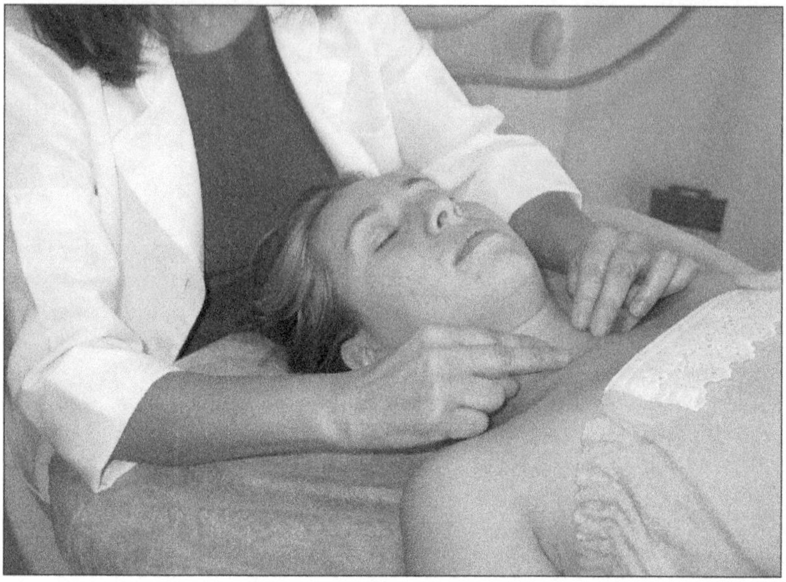

Descer pela cadeia esternocleidomastóidea
até a fossa retroclavicular.

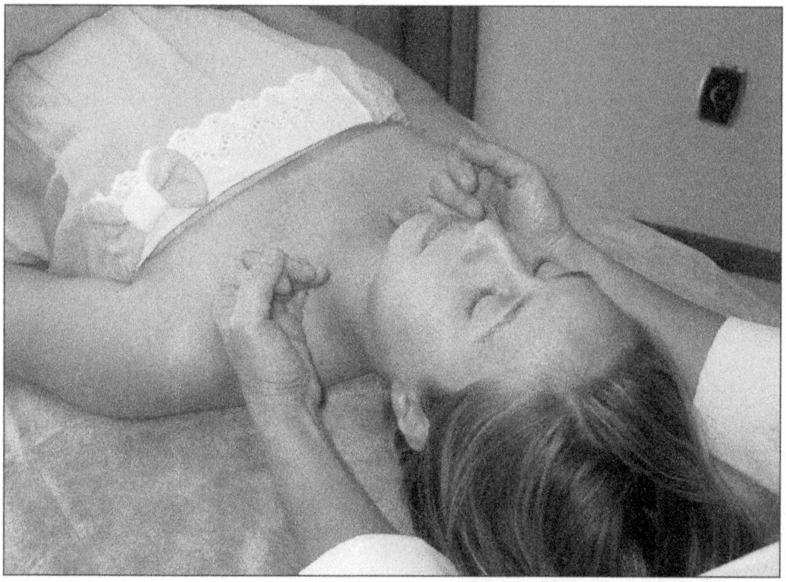

Fechar na fossa retroclavicular.

O tratamento continua com o relaxamento.

Relaxamento

A musculatura geralmente está contraída e endurecida, em virtude das tensões diárias. Antes de iniciar o tratamento, é necessário fazer o relaxamento do colo, pescoço e rosto para se obter um resultado mais eficiente e rápido.

Sequência Básica (Kihon Facial)

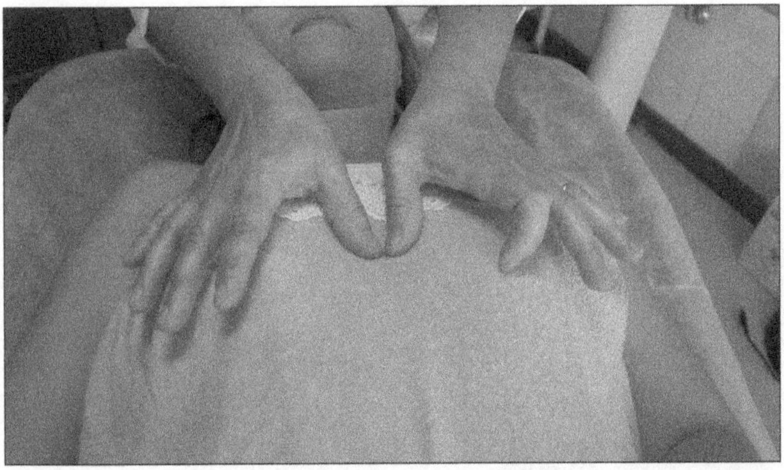

Massagear os pontos da região peitoral, de baixo para cima, pressionando suavemente com os polegares, terminando o movimento abaixo da clavícula, 8 a 10 vezes.

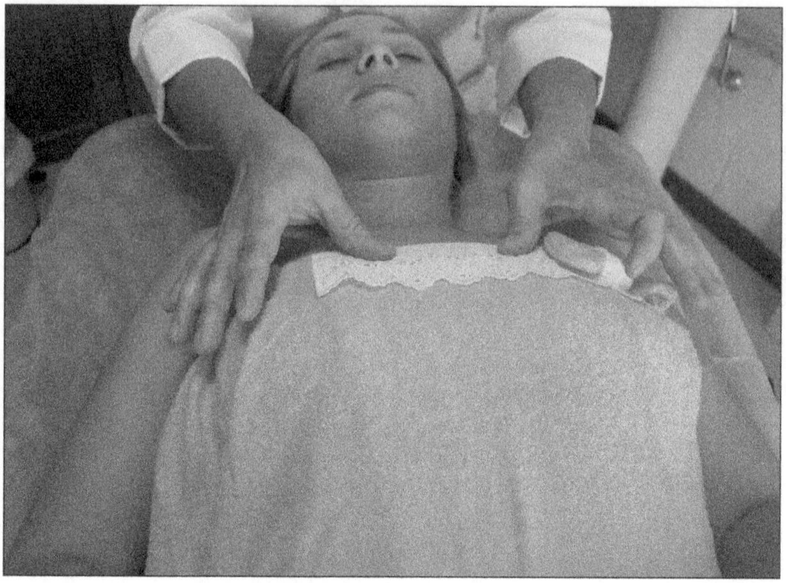

Continuação do movimento anterior.

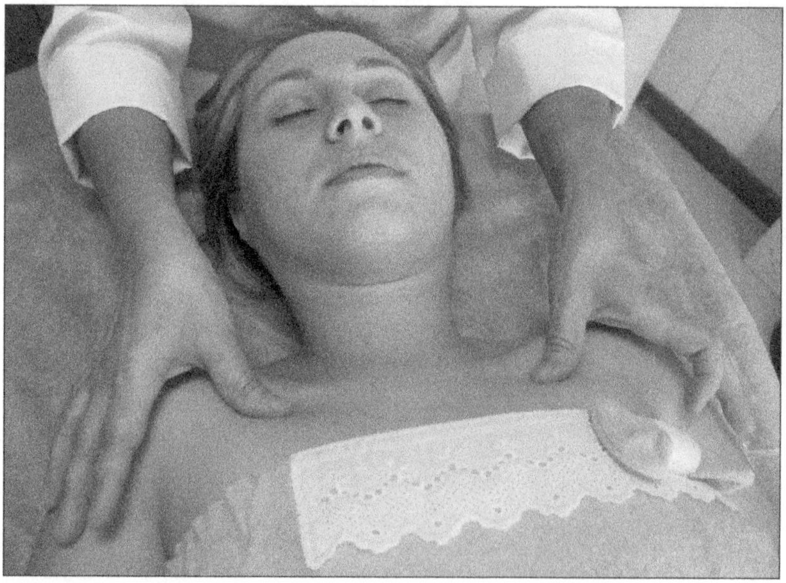

Continuação do movimento anterior.

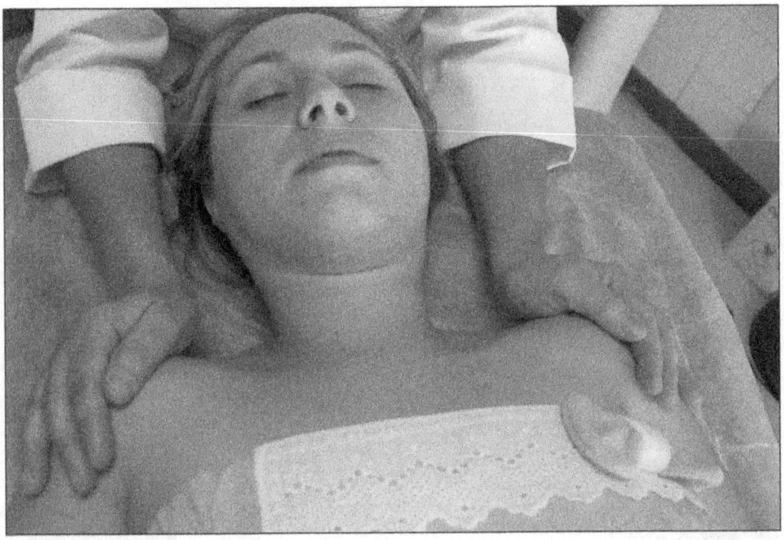

Com a palma das mãos sobre a cabeça do úmero, fazer movimentos de rotação no sentido horário e anti-horário, 10 vezes em cada sentido.

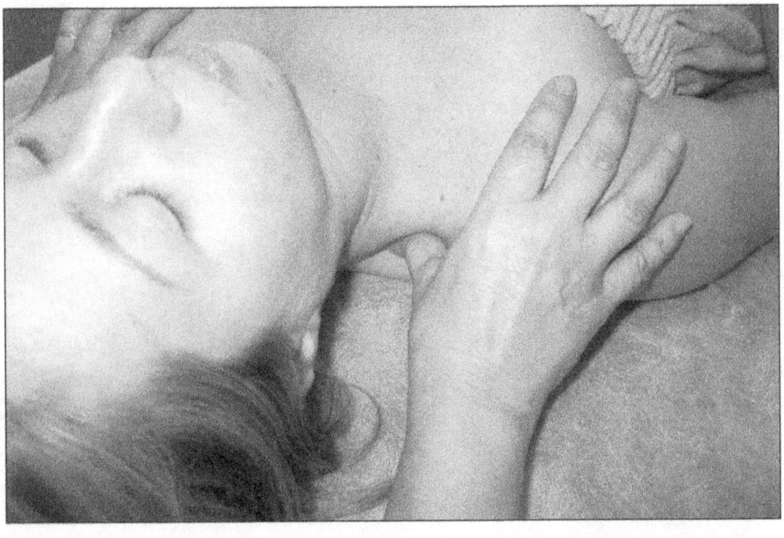

Trabalhar onde se acumulam as grandes tensões, os pontos da "grande cidade" (VB 21 e TA 15) com o polegar, de dentro para fora, no sentido anti-horário, para sedar.
Repetir o movimento 10 vezes.

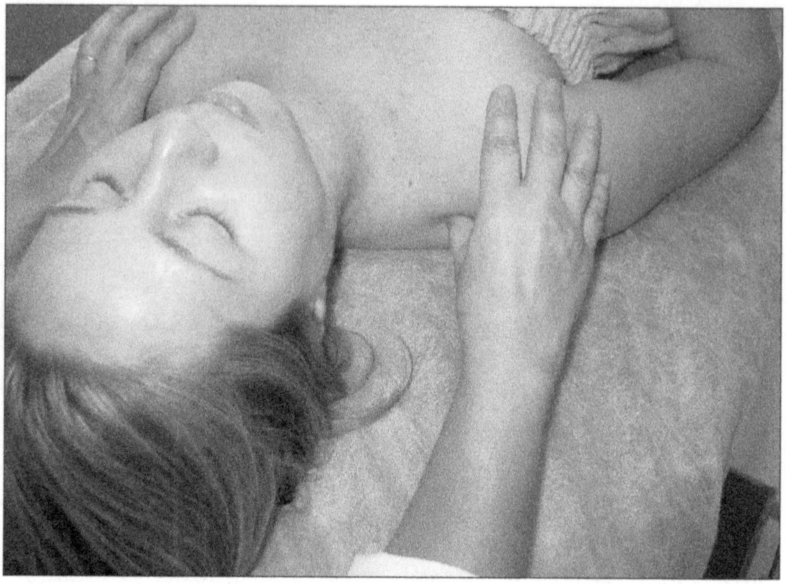

Continuação do movimento anterior.

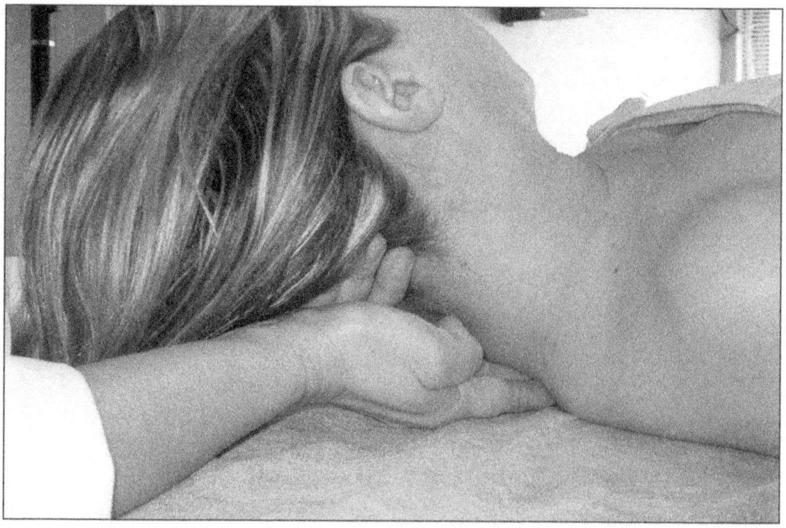

Com a mão esquerda servindo de apoio do dorso, usar os dedos médio e anelar da mão direita para fazer movimentos circulares ao redor das apófises da espinha. Começar da 3ª ou 4ª dorsal para cima, até a atlas. Repetir o movimento 5 vezes.

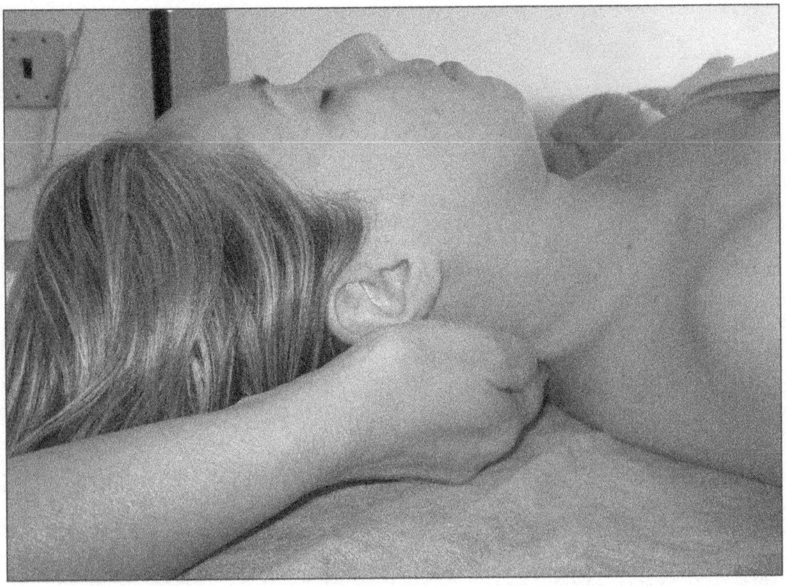

Continuação do movimento anterior.

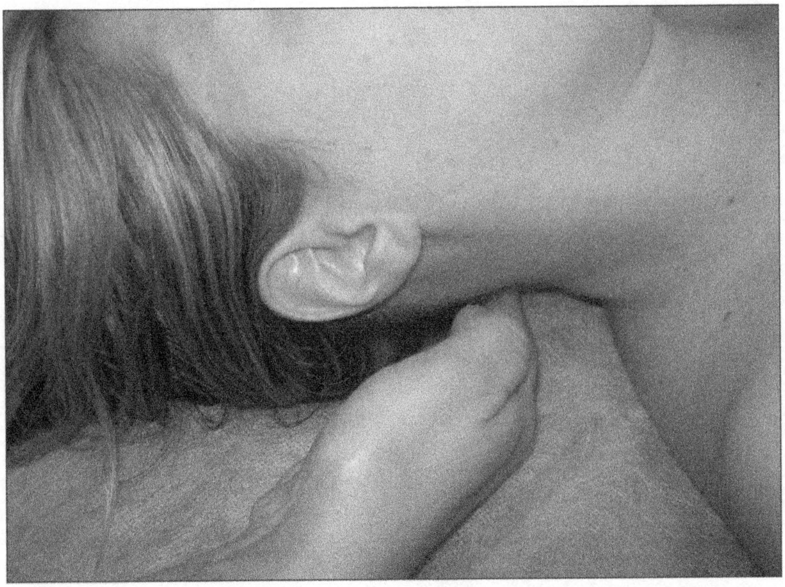

Continuação do movimento anterior.

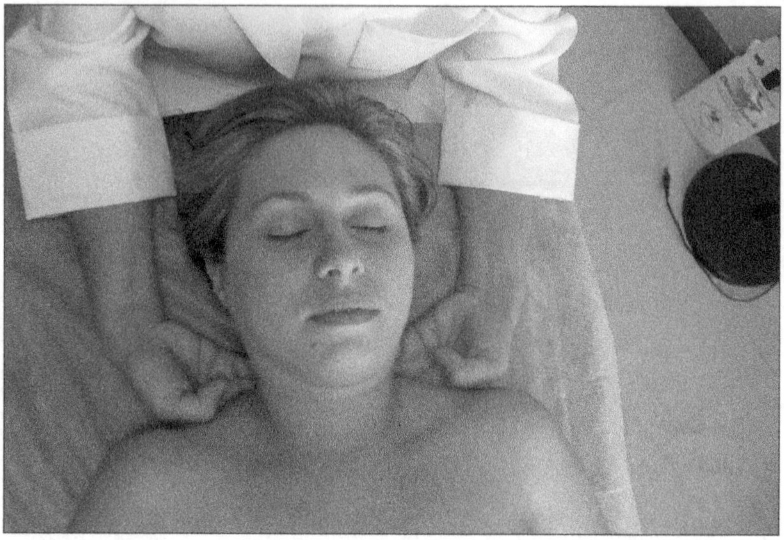

Com ambas as mãos, fazer o movimento das "ondas do mar", na musculatura do início do trapézio até o occipital. Repetir o movimento, lentamente, 10 vezes.

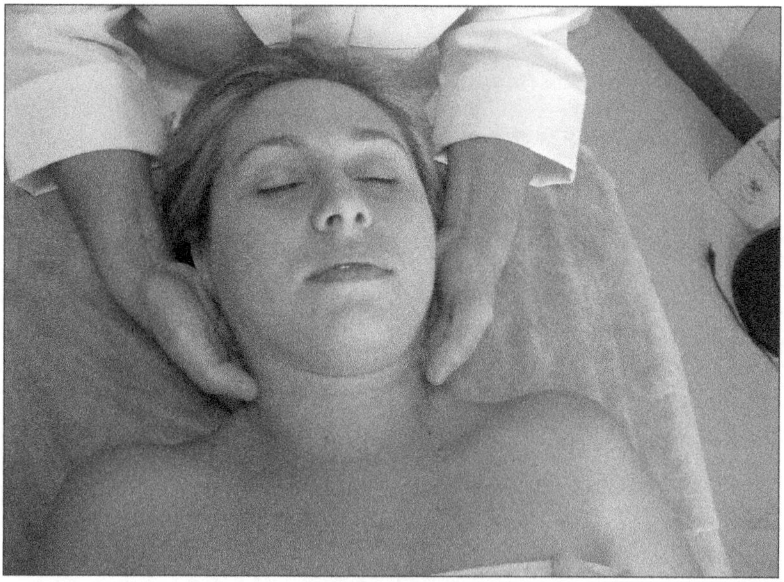

Continuação do movimento anterior.

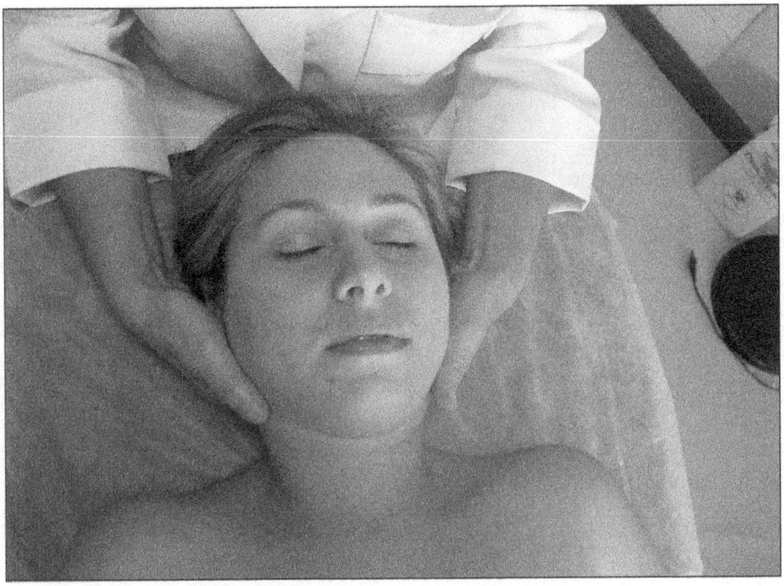

Continuação do movimento anterior.

Massagear a região lateral do pescoço com o polegar, no sentido de baixo para cima.

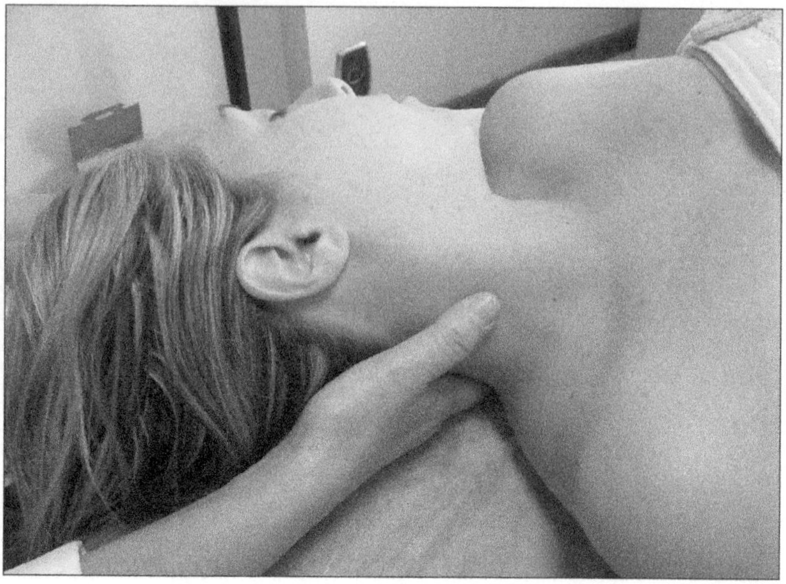

Continuação do movimento anterior.

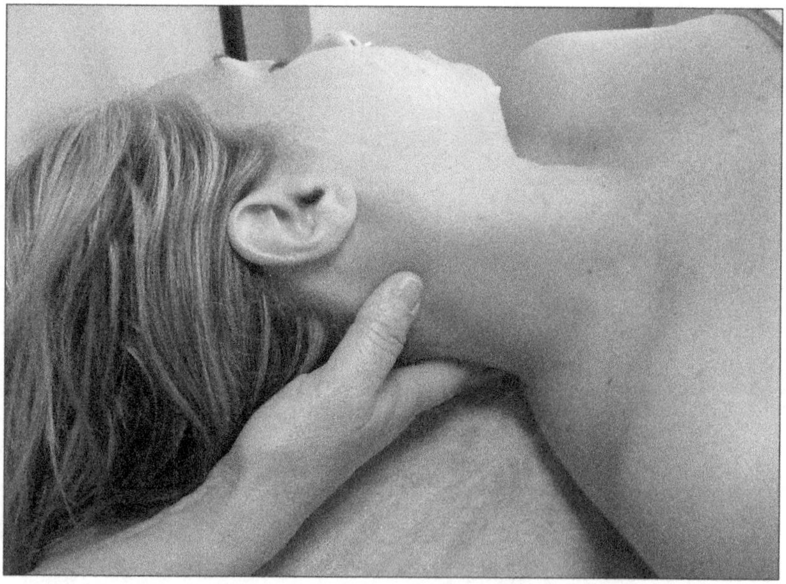

Continuação do movimento anterior.

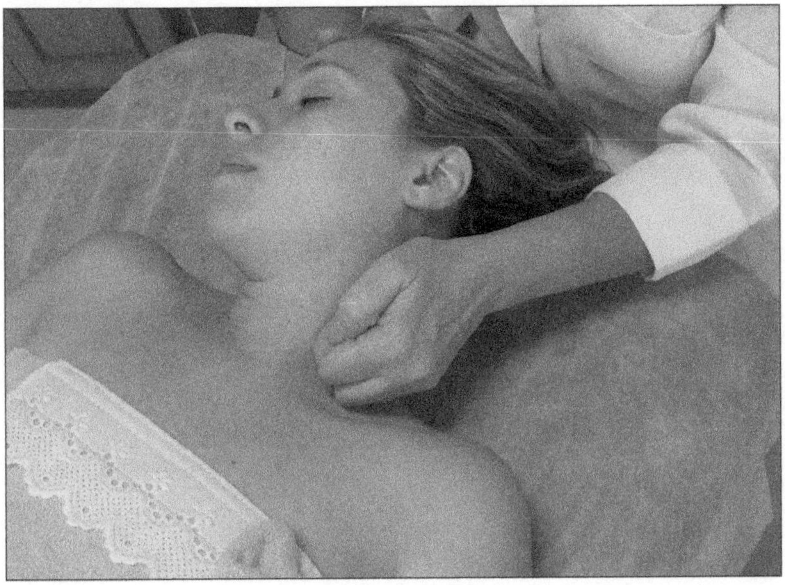

Trabalhar a região do pescoço para relaxar essa área.

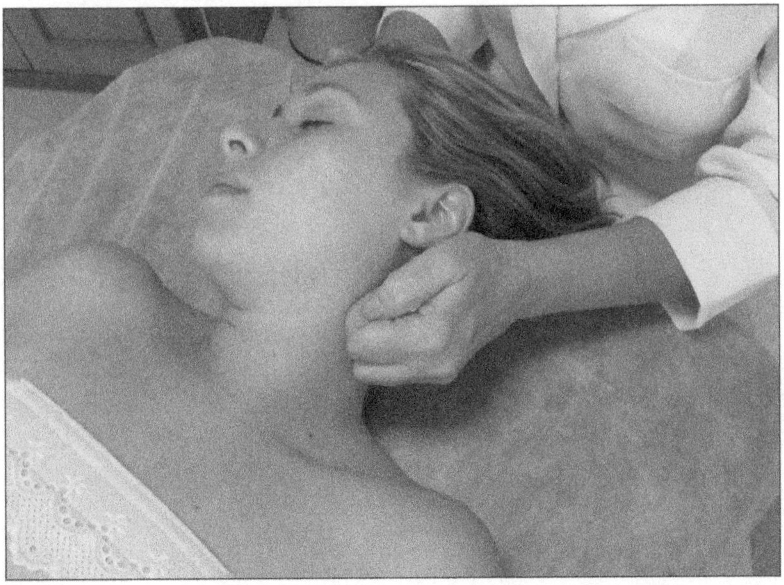

Continuação do movimento anterior.

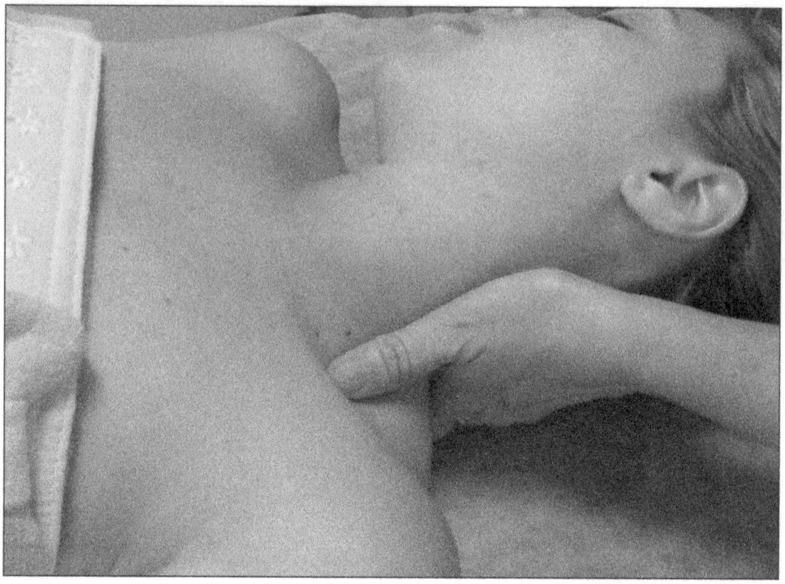

Continuação do movimento anterior.

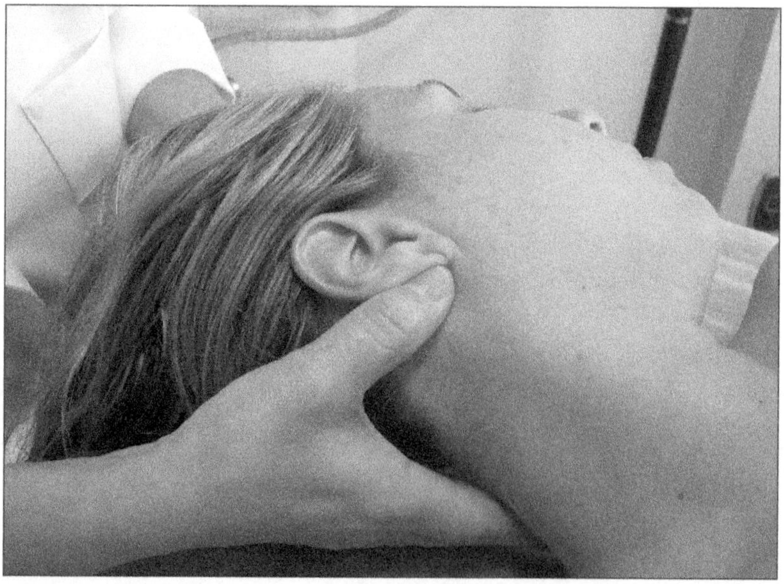

Massagear ao redor da orelha, do lóbulo para cima, os dois ramos.

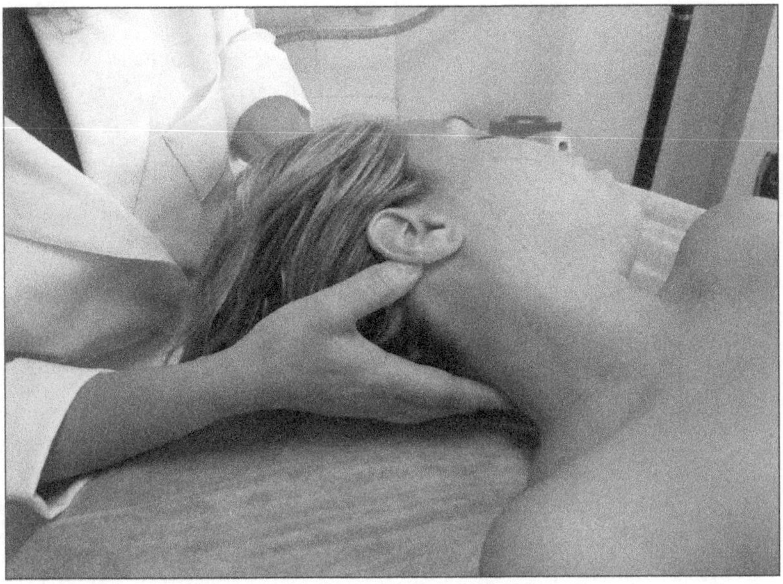

Continuação do movimento anterior.

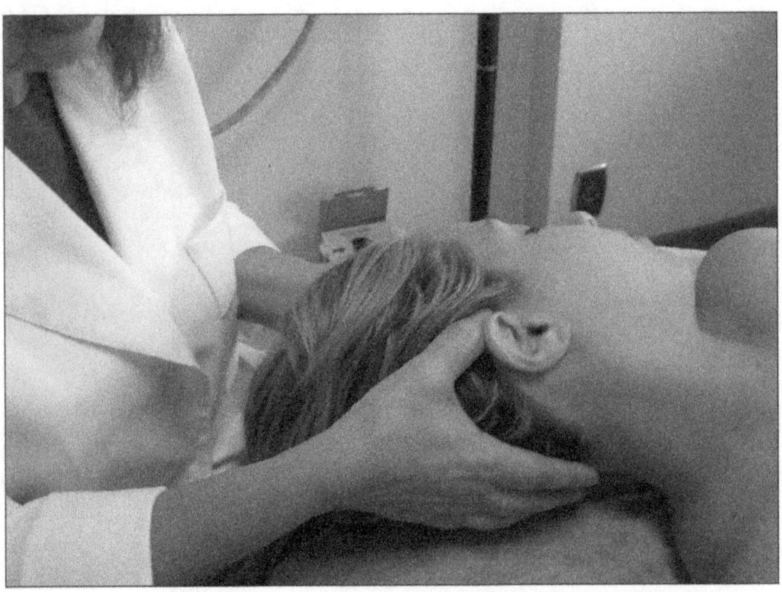

Continuação do movimento anterior.

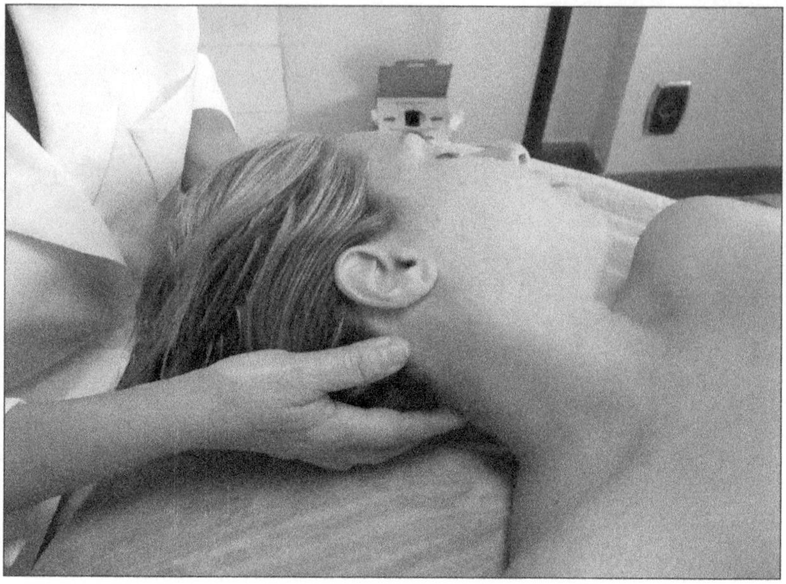

Continuação do movimento anterior.

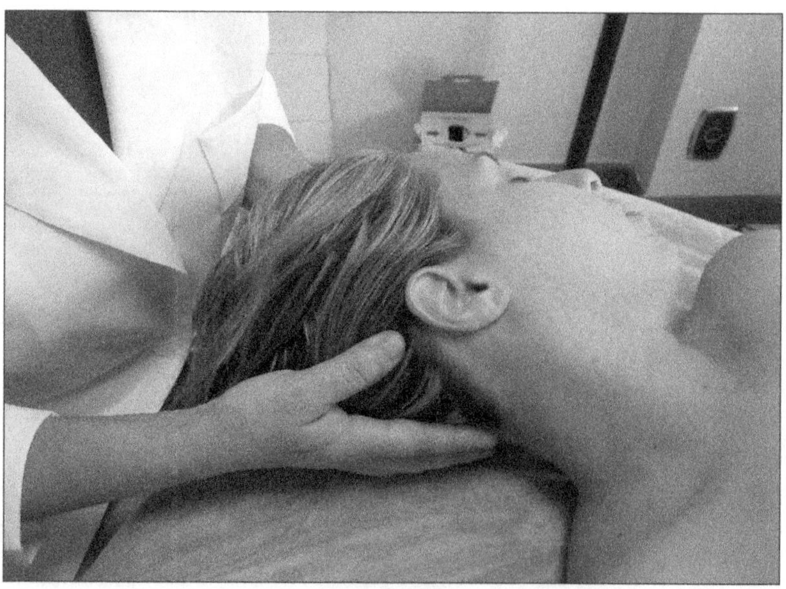

Continuação do movimento anterior.

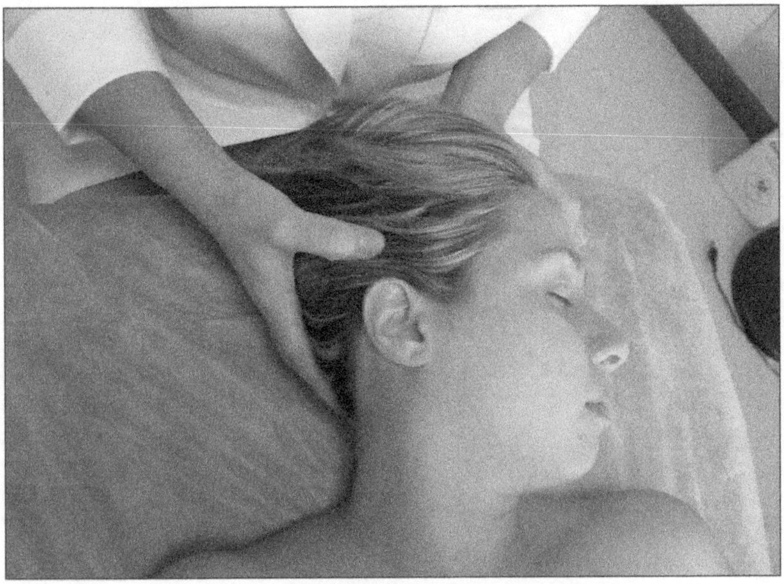

Continuação do movimento anterior.

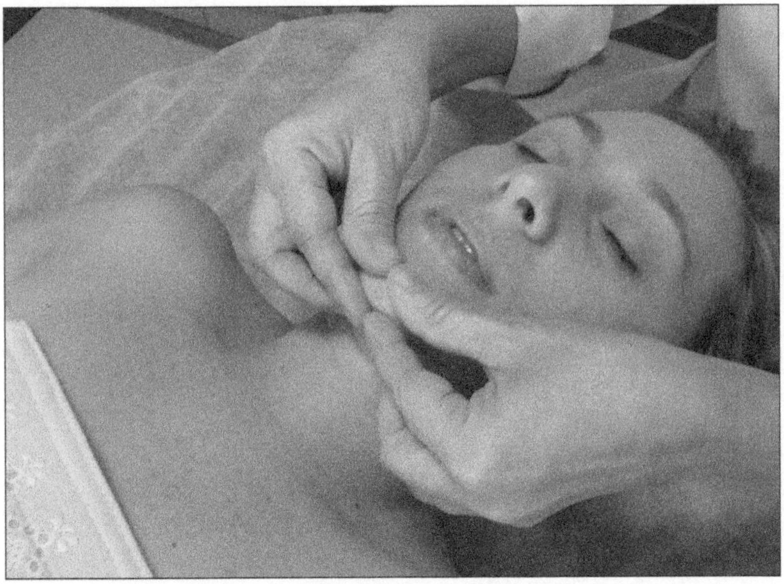

Massagear a região do maxilar até as orelhas,
com os dedos polegar e médio.

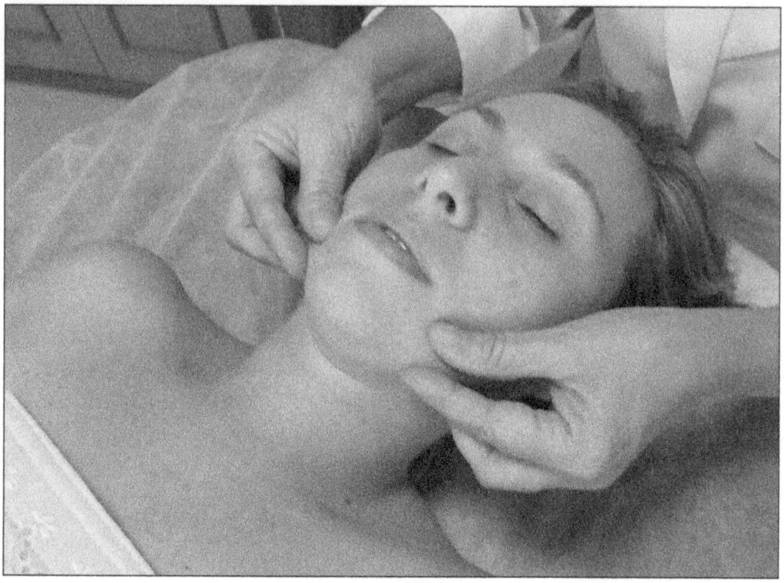

Continuação do movimento anterior.

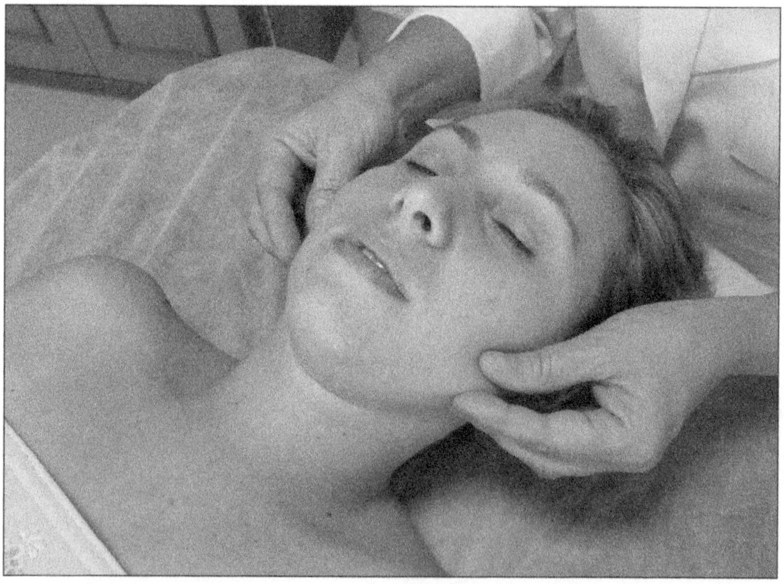

Continuação do movimento anterior.

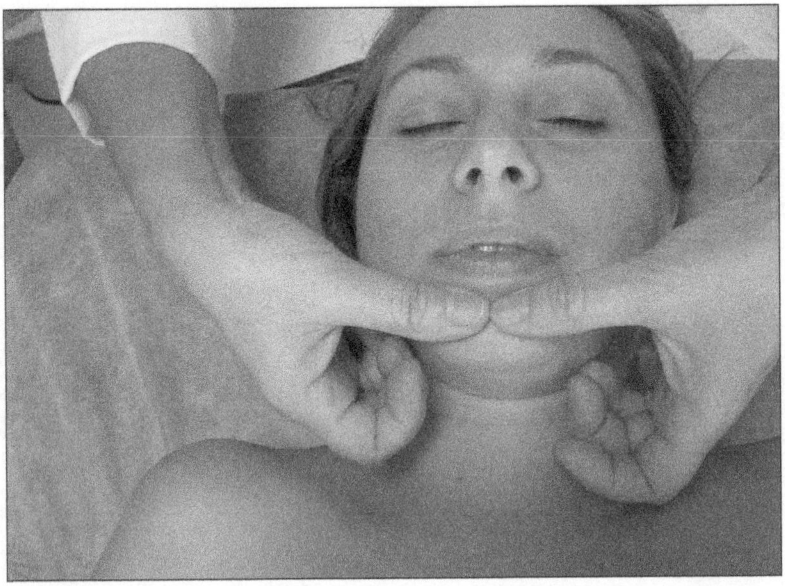

Massagear com os polegares a região do mento, de dentro para fora.

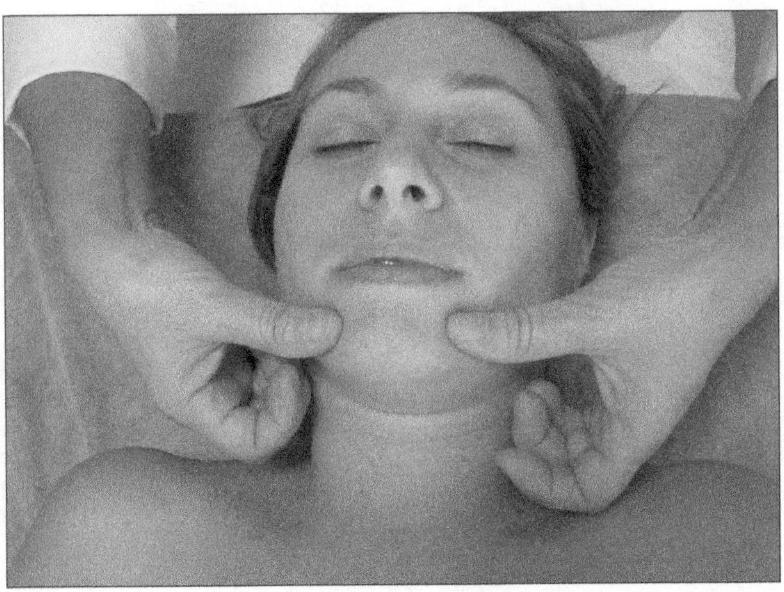

Continuação do movimento anterior.

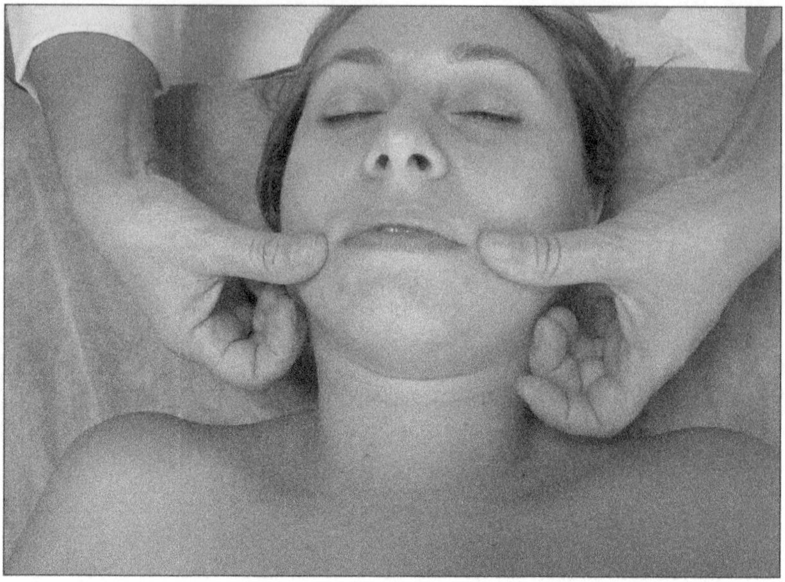

Massagear a fissura labial para fora, da linha do ponto E 4 até a região do maxilar.

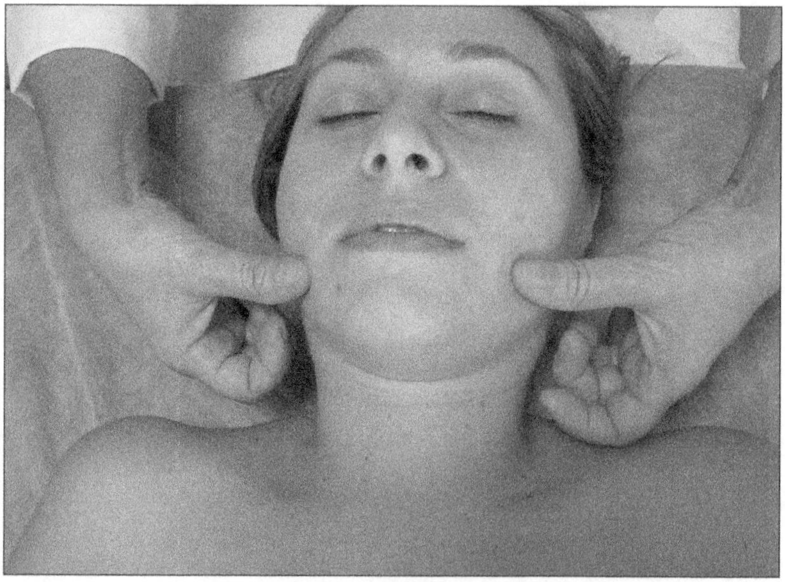

Continuação do movimento anterior.

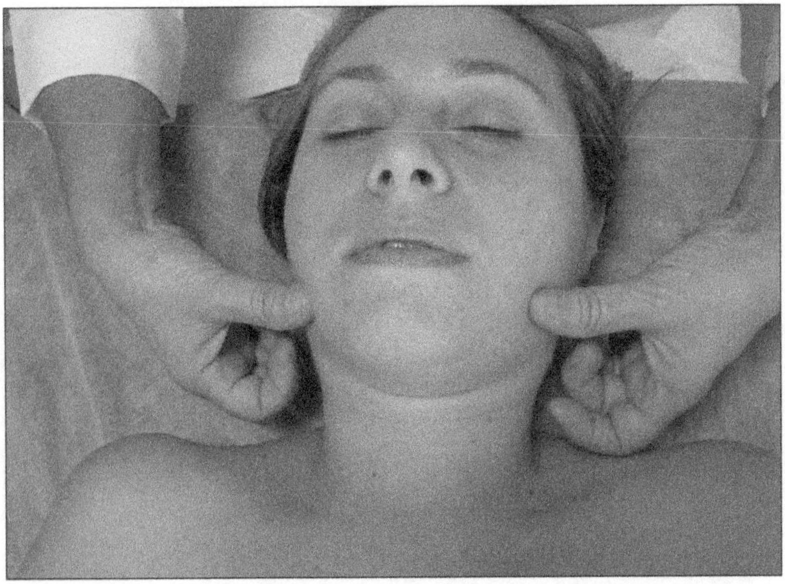

Continuação do movimento anterior.

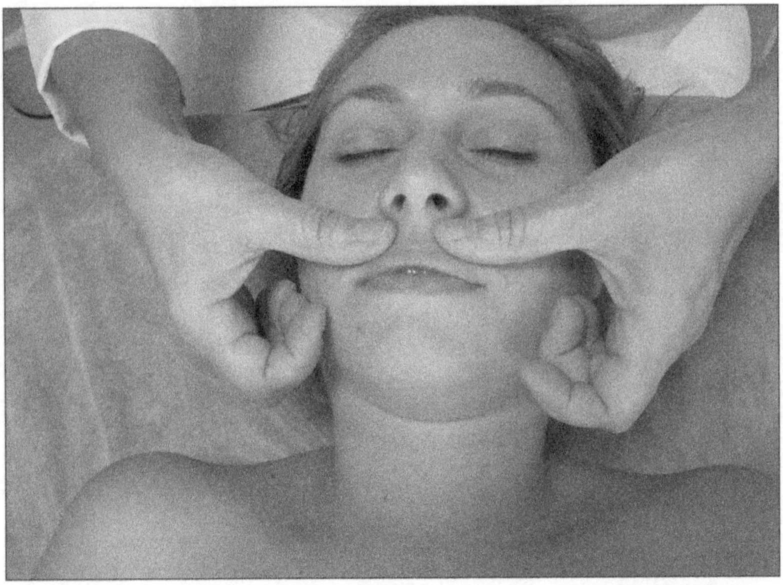

Massagear a região superior do lábio, do VG 26 até as orelhas.

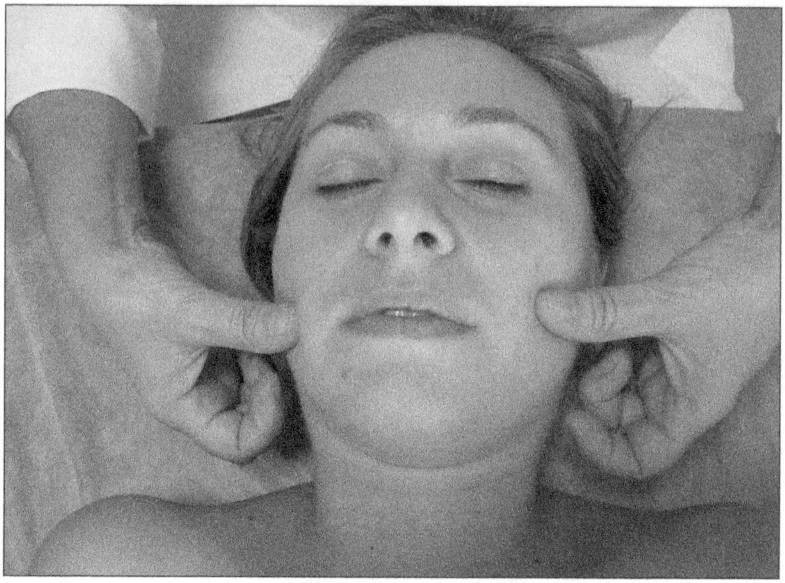

Continuação do movimento anterior.

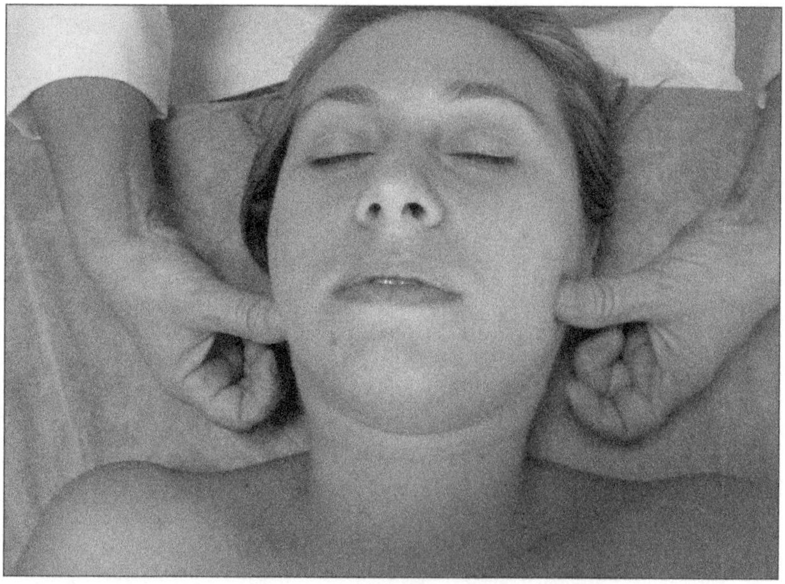

Continuação do movimento anterior.

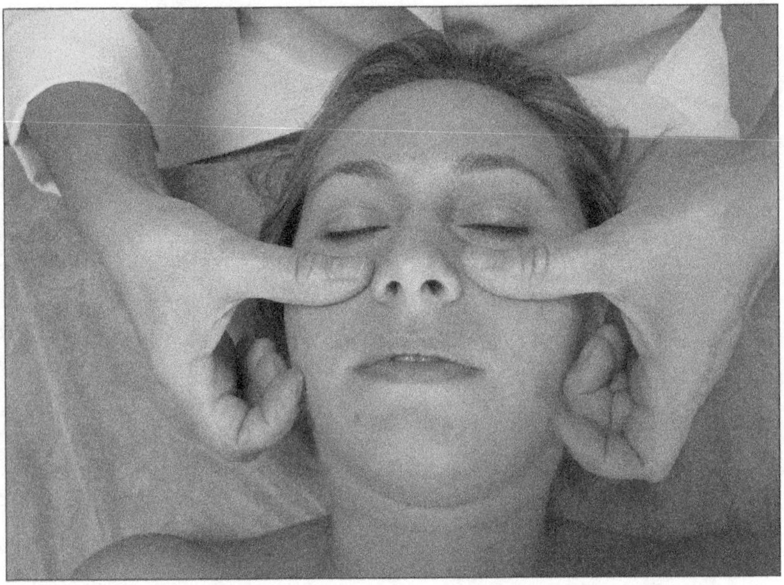

Massagear da região da asa do nariz, do IG 20 até as orelhas.

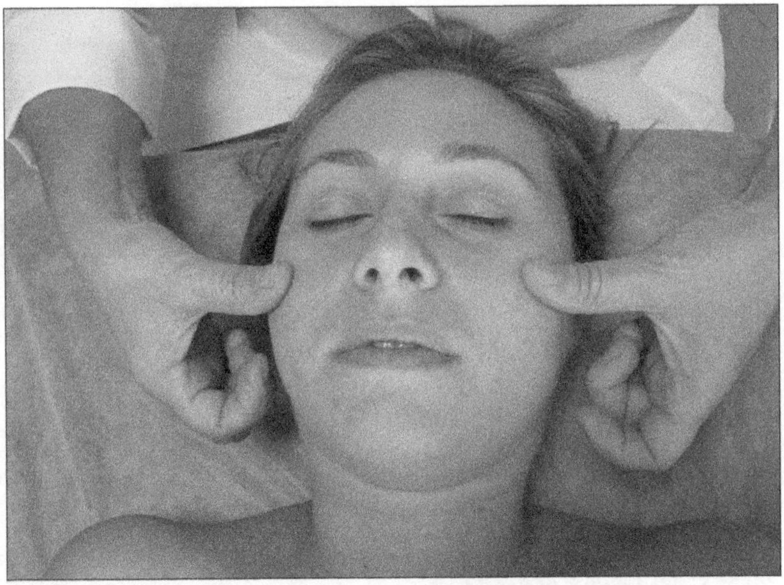

Massagear suavemente com os polegares a região inferior orbicular dos olhos.

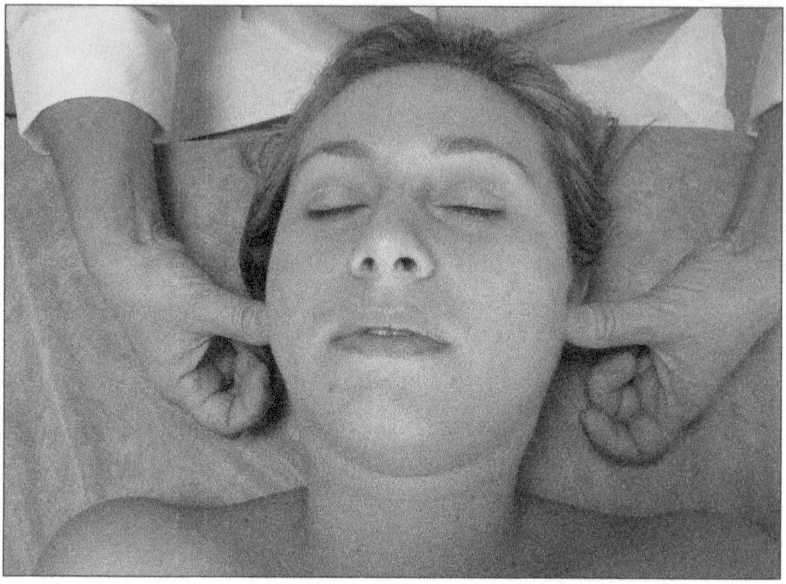

Continuação do movimento anterior.

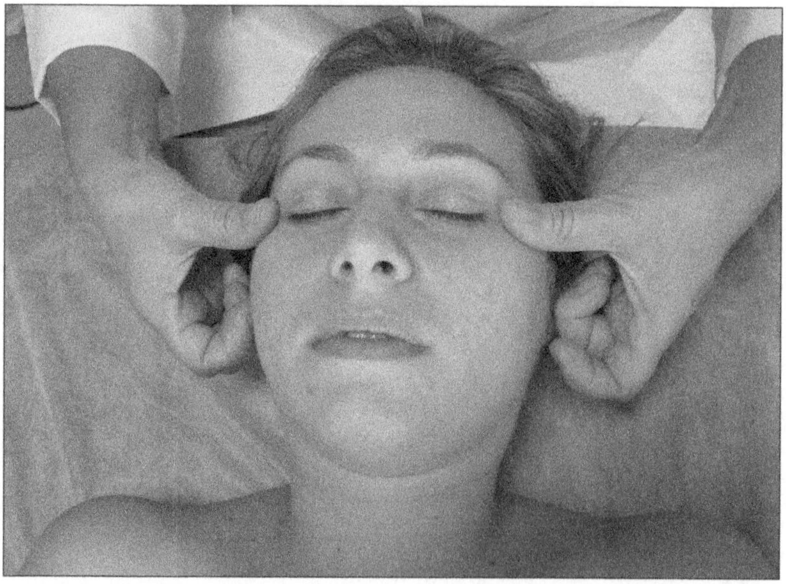

Massagear da fissura orbicular dos olhos até as orelhas.

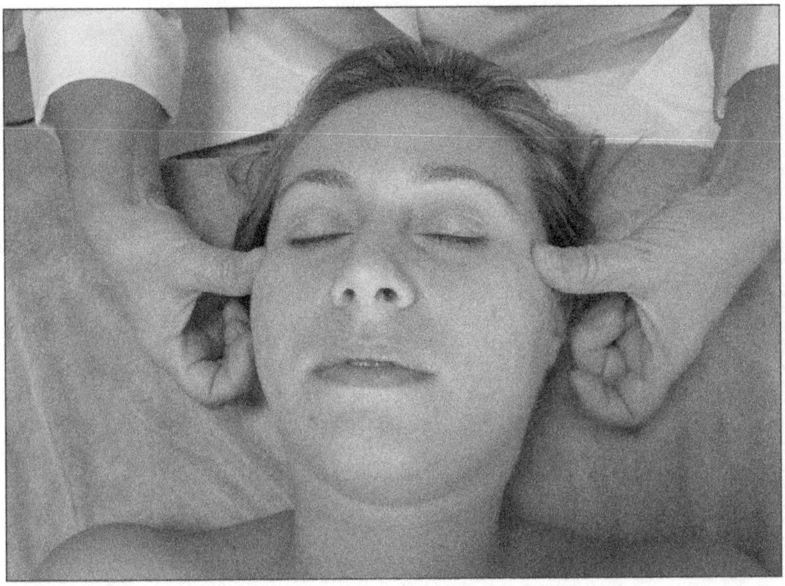

Continuação do movimento anterior.

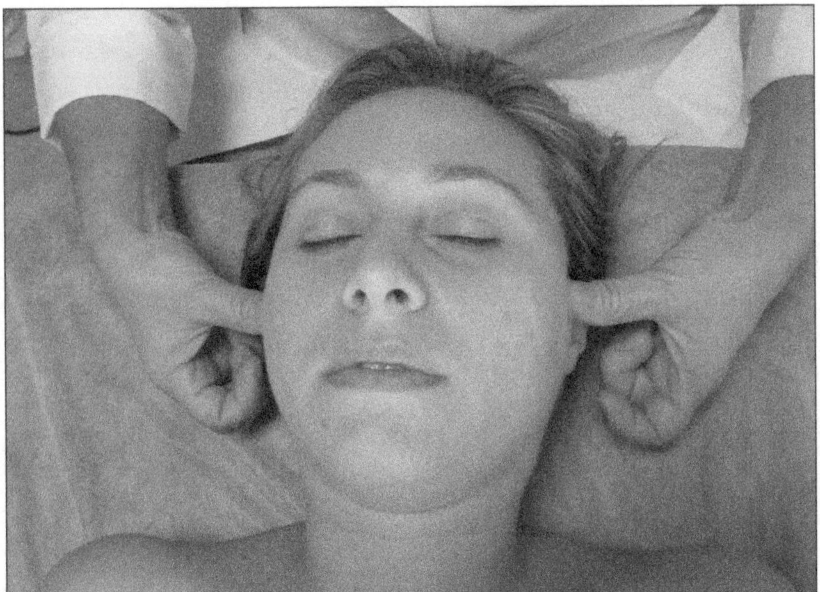

Continuação do movimento anterior.

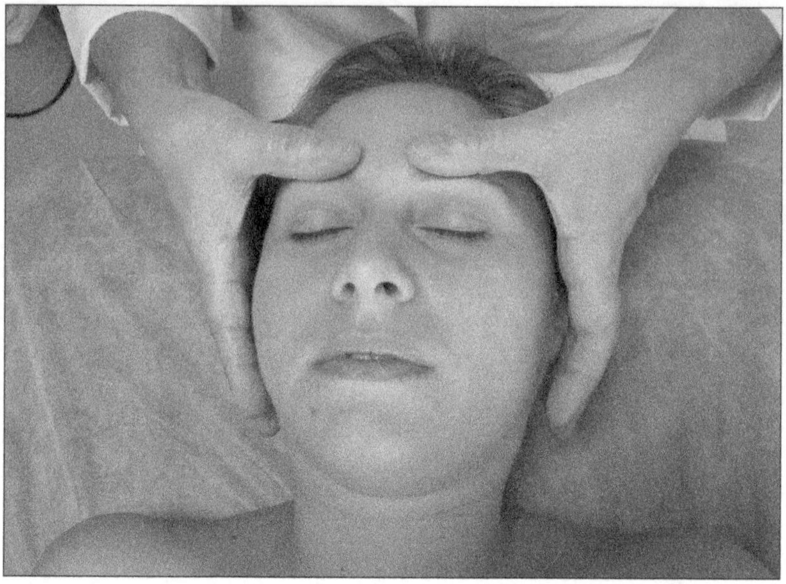

Massagear sobre as sobrancelhas até as orelhas.

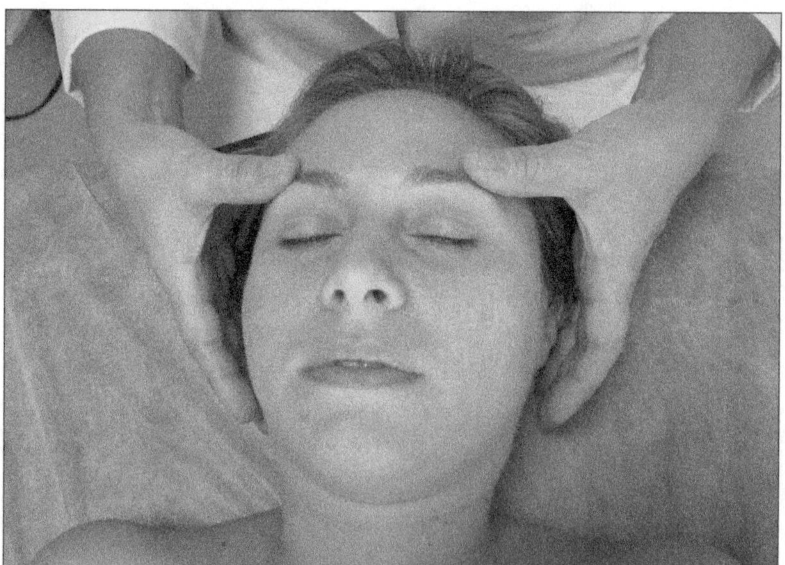

Continuação do movimento anterior.

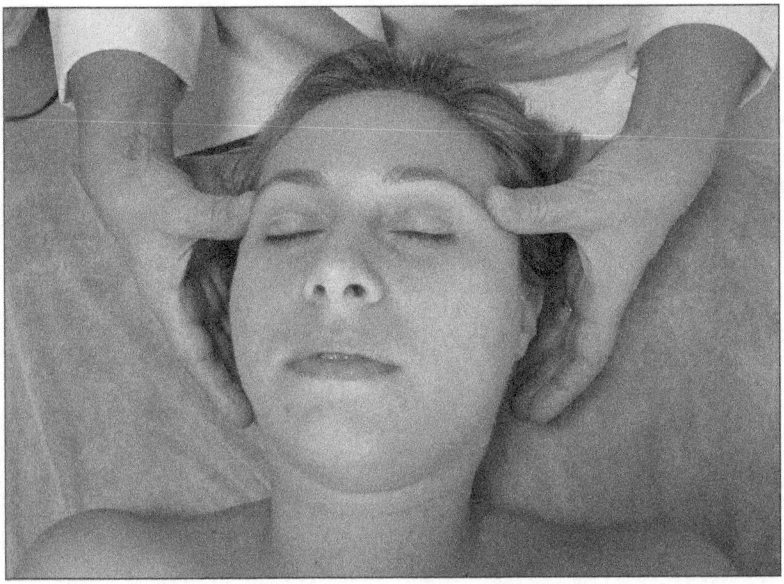

Continuação do movimento anterior.

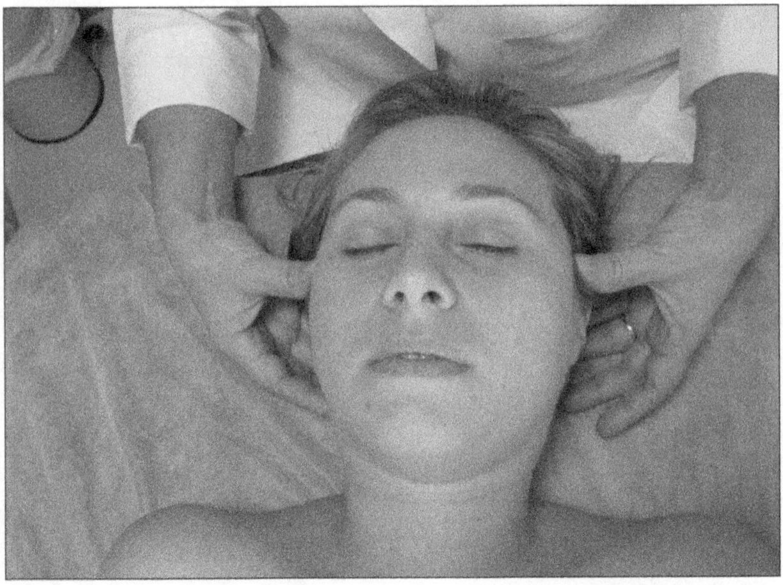

Continuação do movimento anterior.

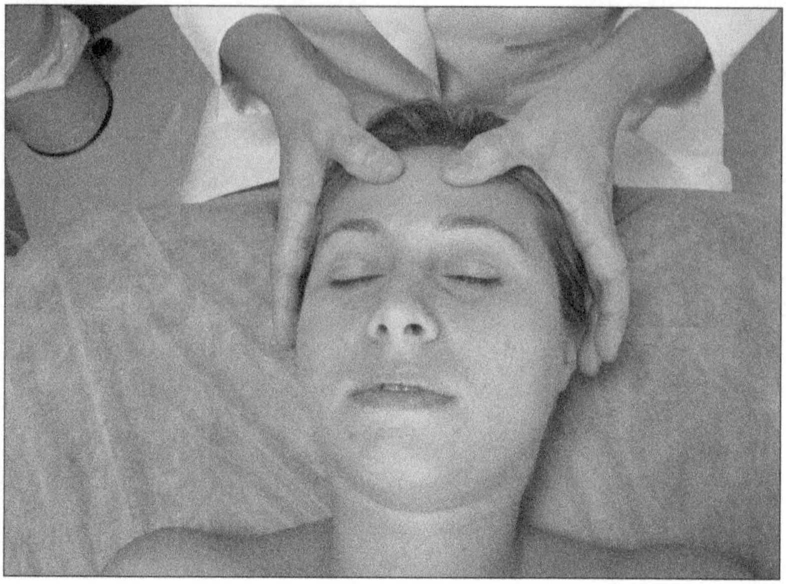

Massagear a região da testa, do centro para as extremidades.

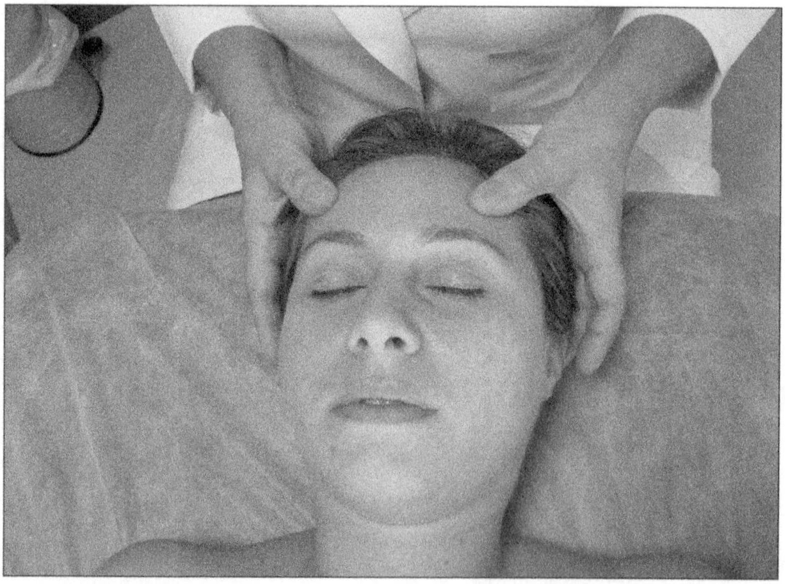

Continuação do movimento anterior.

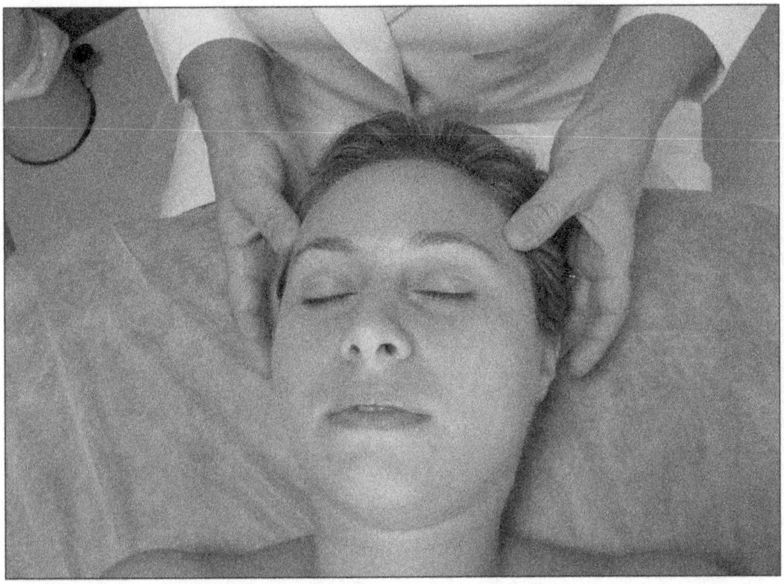

Continuação do movimento anterior.

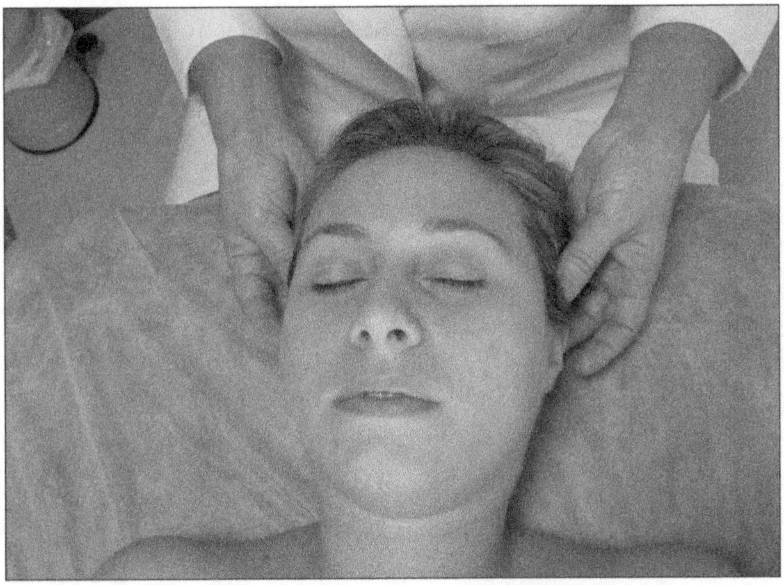

Continuação do movimento anterior.

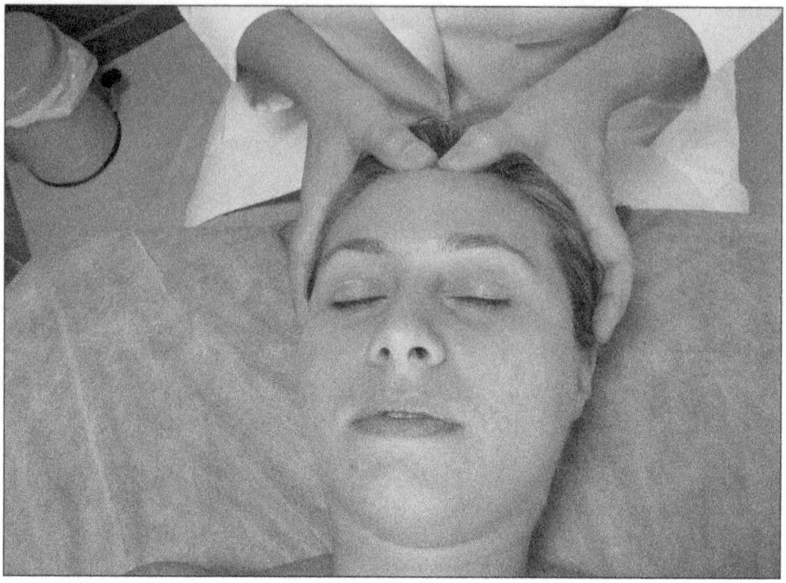

Continuação do movimento anterior.

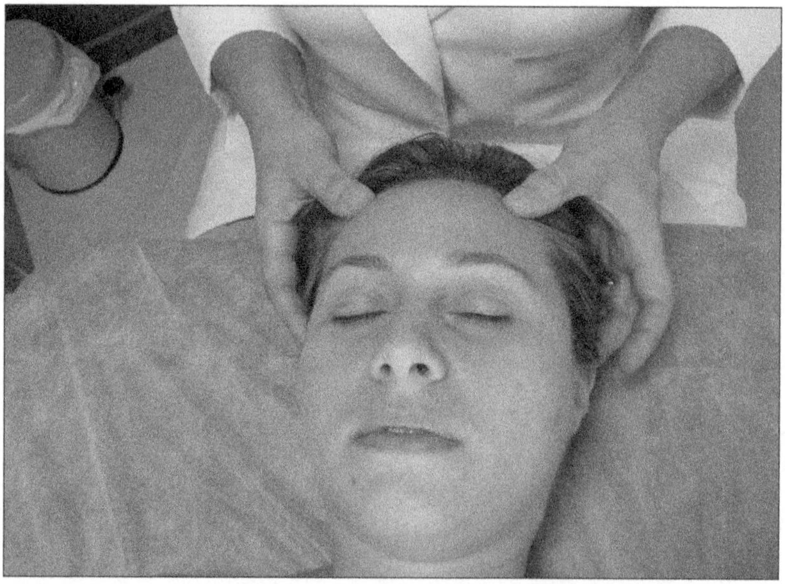

Continuação do movimento anterior.

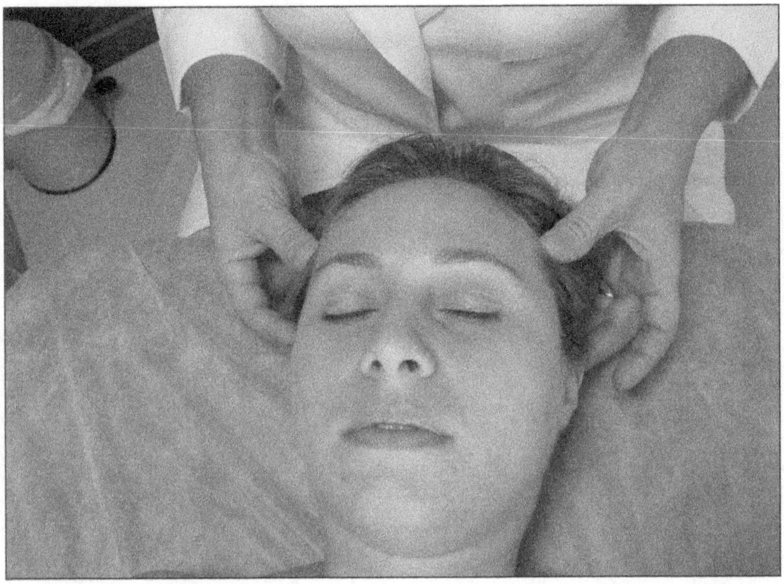

Continuação do movimento anterior.

Continuação do movimento anterior.

Continuação do movimento anterior.

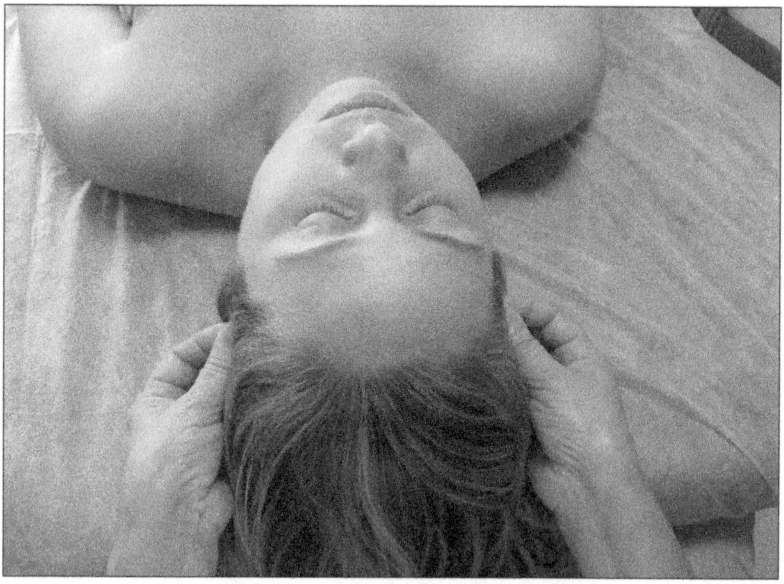

Continuação do movimento anterior.

Continuação do movimento anterior.

Continuação do movimento anterior.

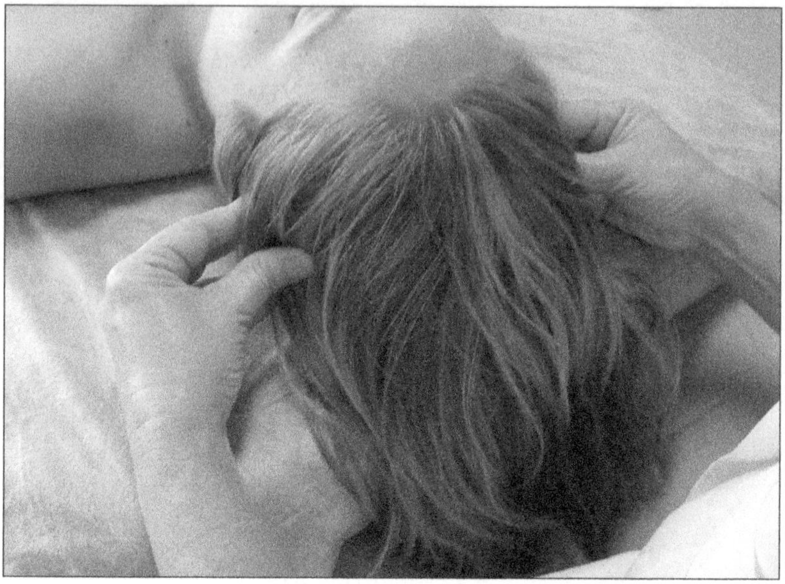

Continuação do movimento anterior.

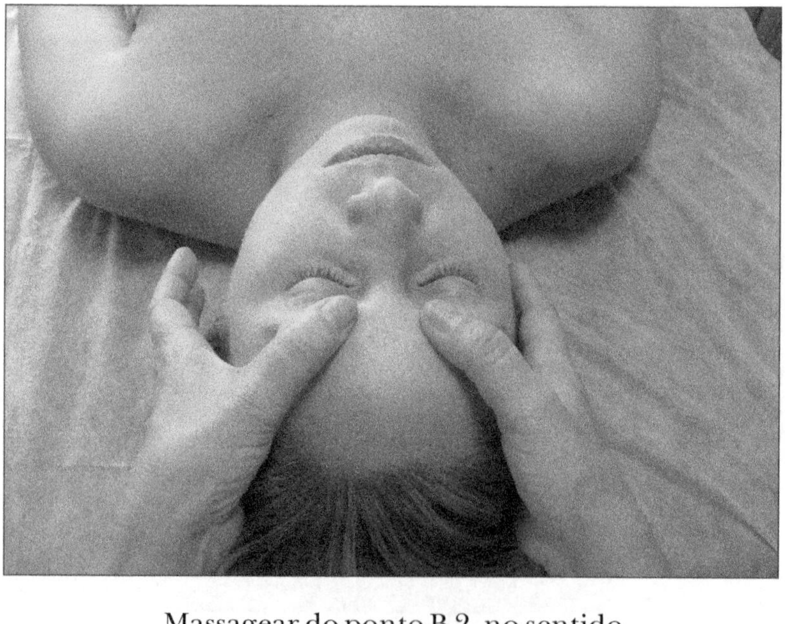

Massagear do ponto B 2, no sentido
do meridiano, toda a cabeça.

Continuação do movimento anterior.

Continuação do movimento anterior.

Continuação do movimento anterior.

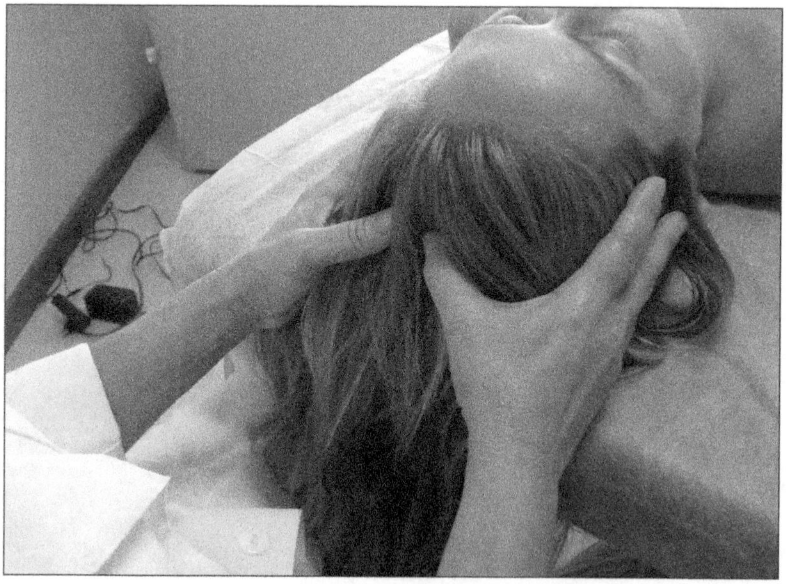

Massagear voltando pelo ponto VG.

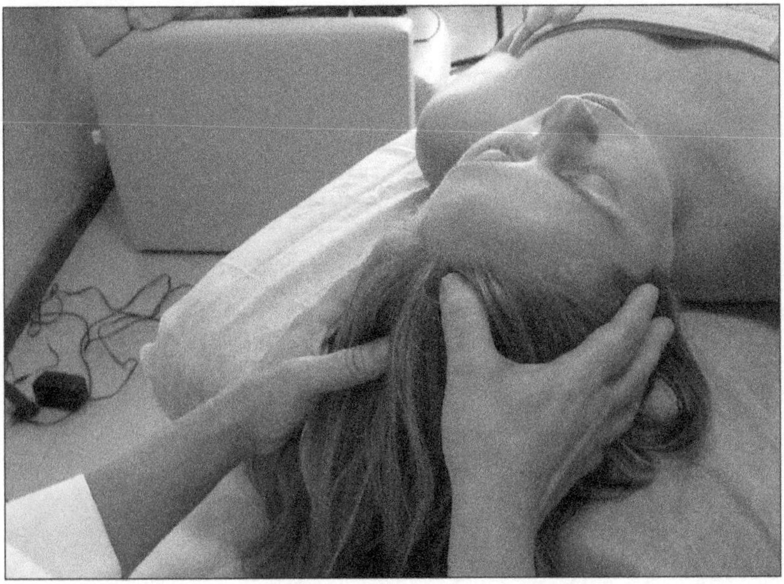

Continuação do movimento anterior.

Continuação do movimento anterior.

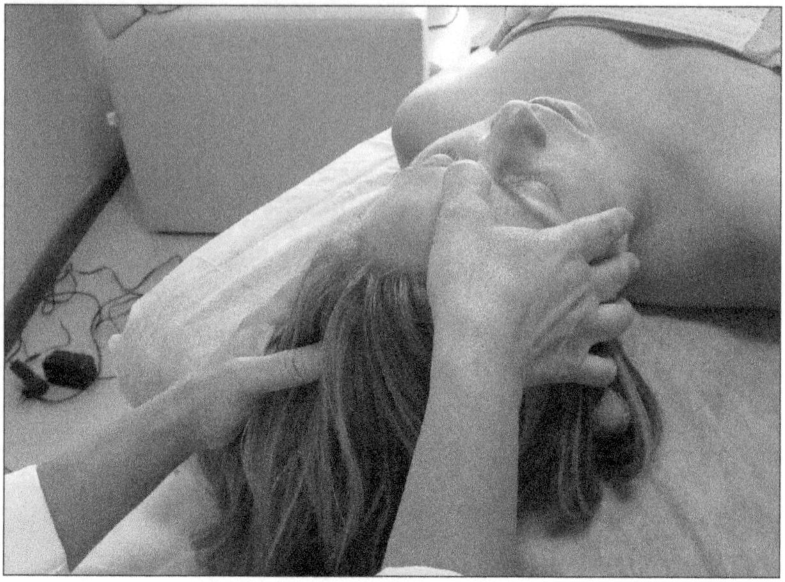

Continuação do movimento anterior.

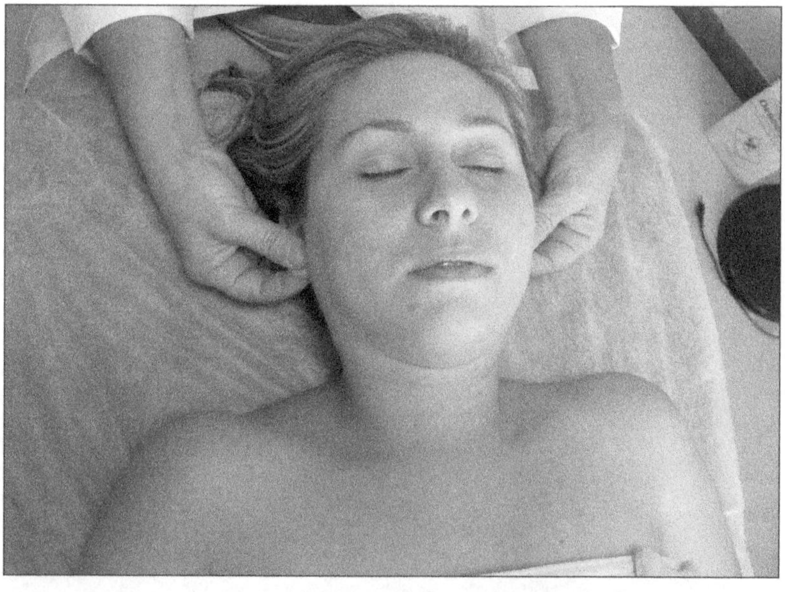

Massagem auricular. Pressionar com as unhas todo o pavilhão auricular, incluindo a parte interna das orelhas.

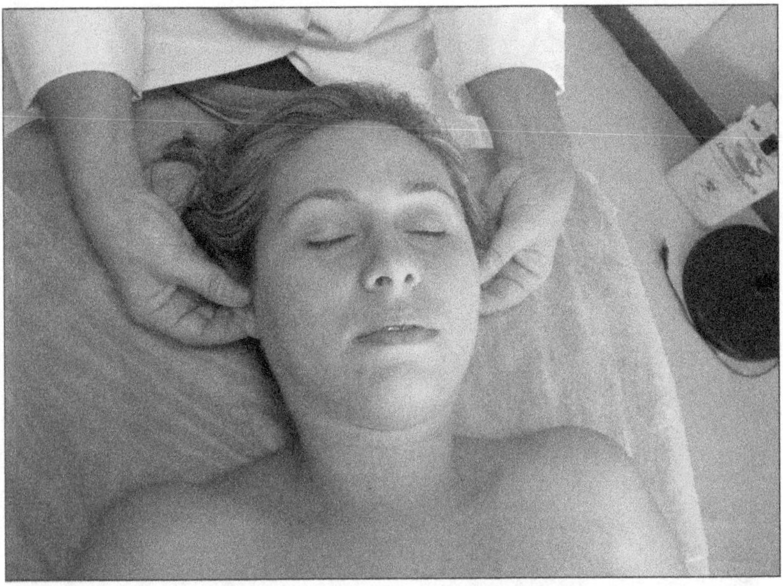

Continuação do movimento anterior.

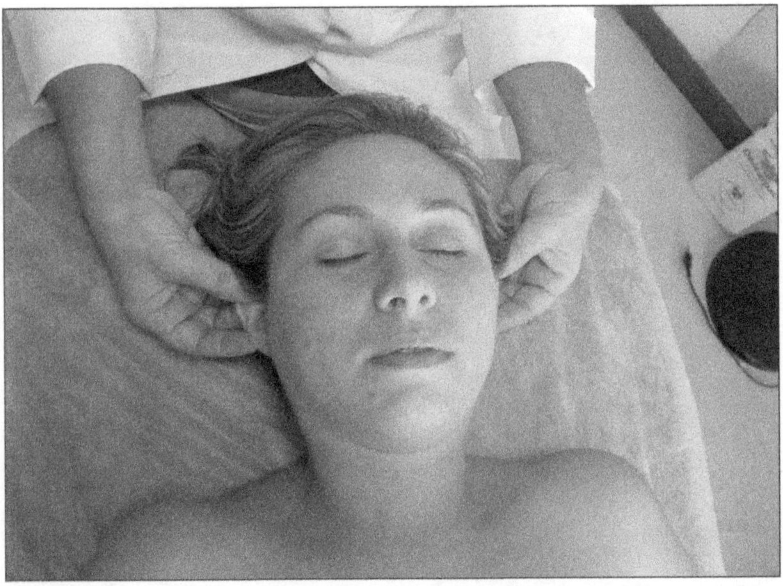

Continuação do movimento anterior.

Técnicas Complementares

De acordo com a queixa de cada paciente, são utilizadas técnicas que complementam o tratamento.

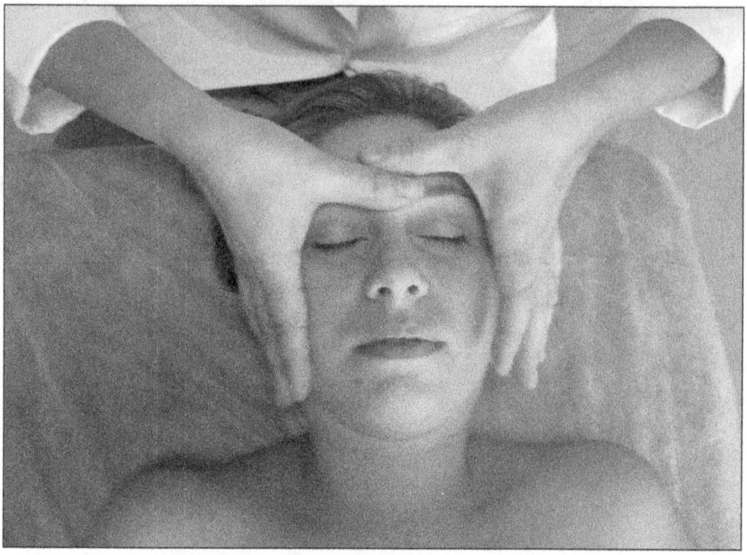

Para fortalecer a linha frontal ou horizontal, trabalhar somente no meio da testa, empurrando um dedo contra o outro formando um "S".

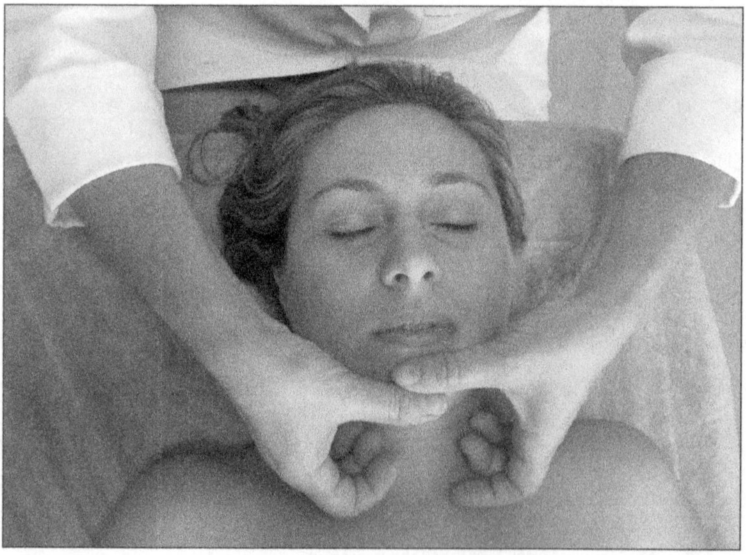

Para tratamento e prevenção de rugas, assim como o relaxamento do músculo do queixo, fazer movimento em forma de "S".

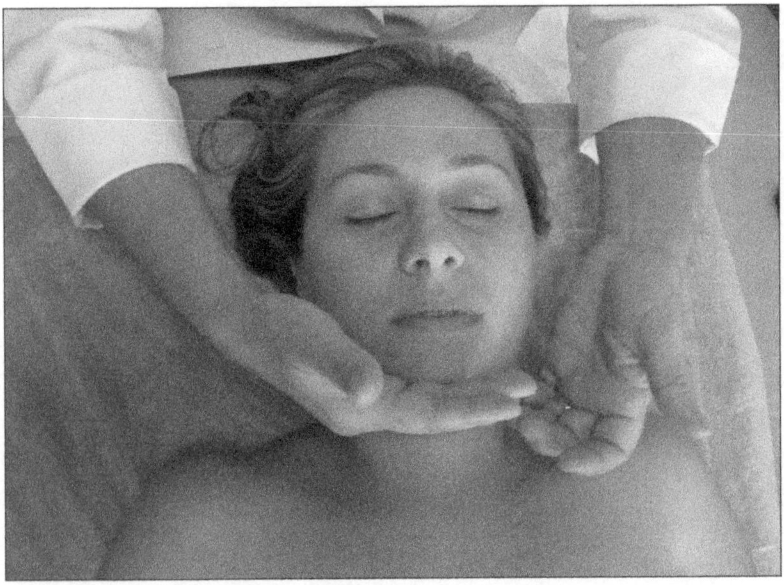

Deslizar as mãos sob o queixo, alternando-as.

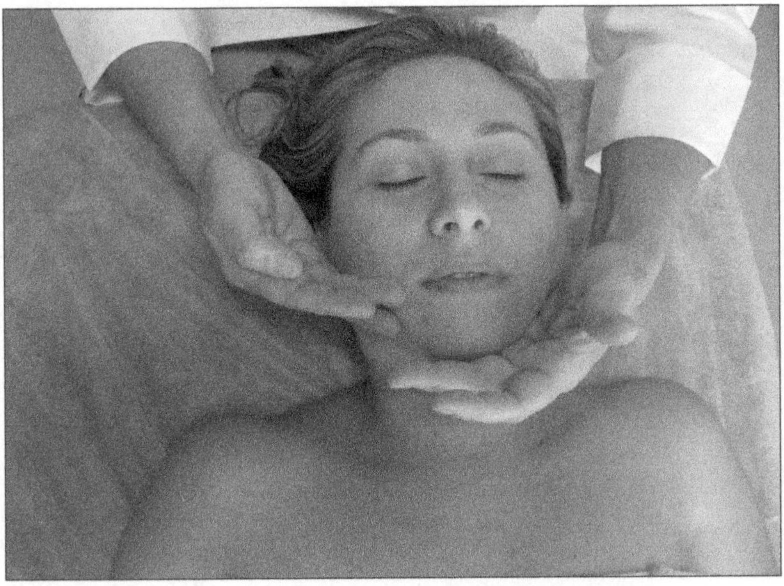

Continuação do movimento anterior.

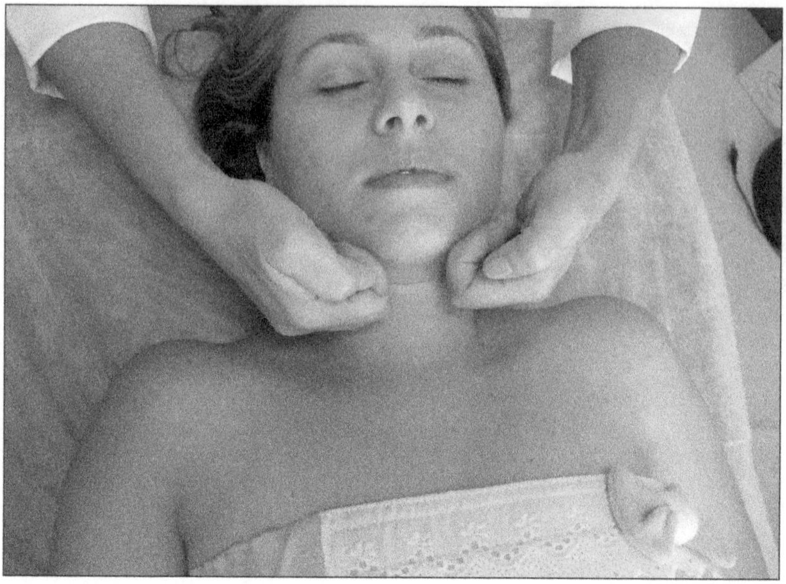

Deslizar os nós dos dedos sob o queixo, puxando-o para as laterais.

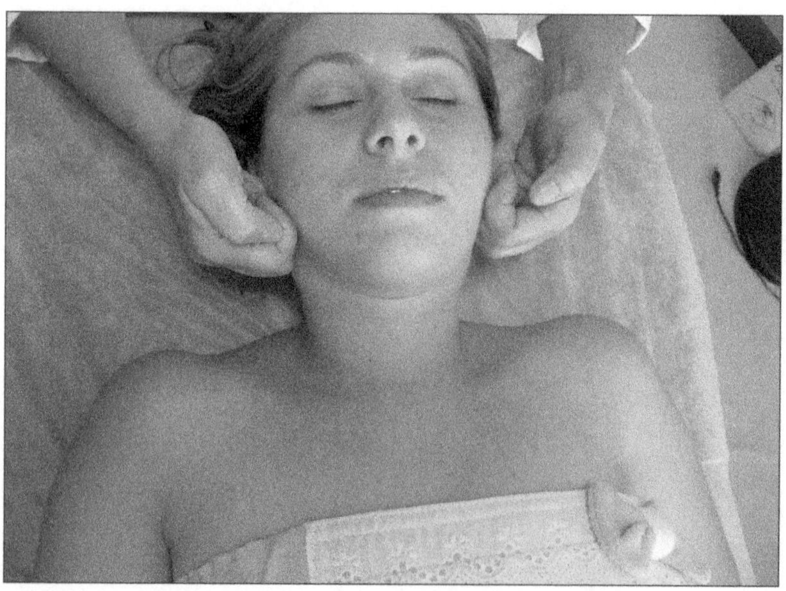

Continuação do movimento anterior.

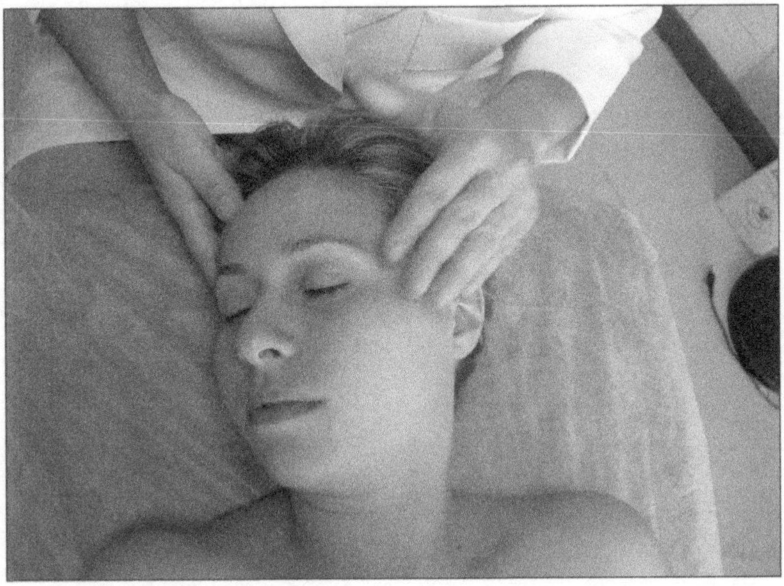

Para flacidez facial, tonificar o rosto realizando movimentos sempre com a pele repuxada, trabalhando toda a área das maçãs do rosto.

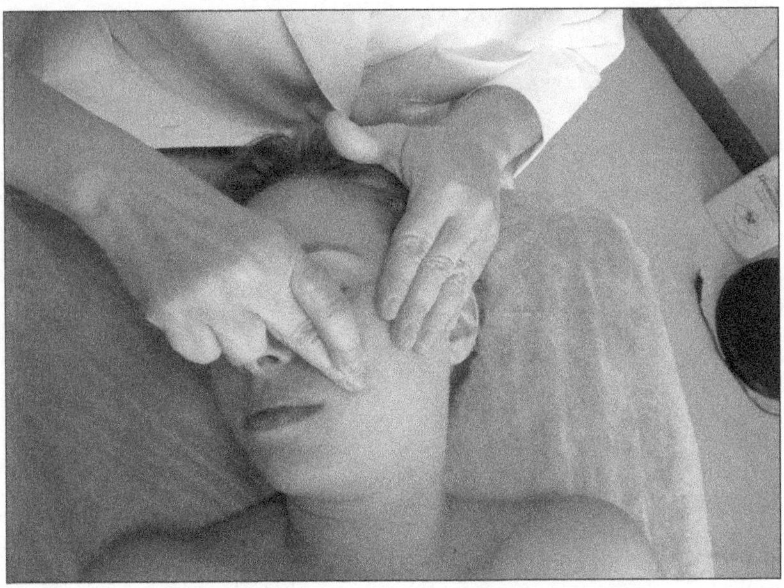

Continuação do movimento anterior.

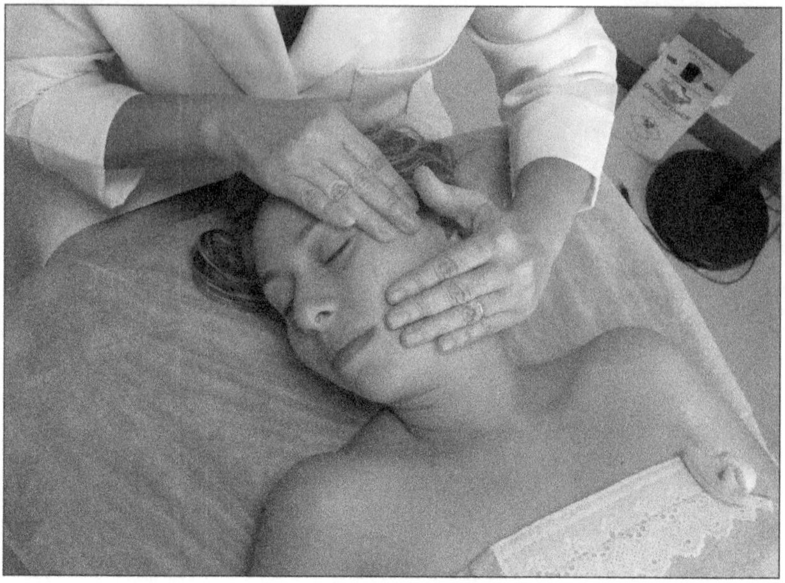

Após a tonificação, colocar os três dedos sobre a lateral da boca, com o dedo médio apontando para a fissura labial.

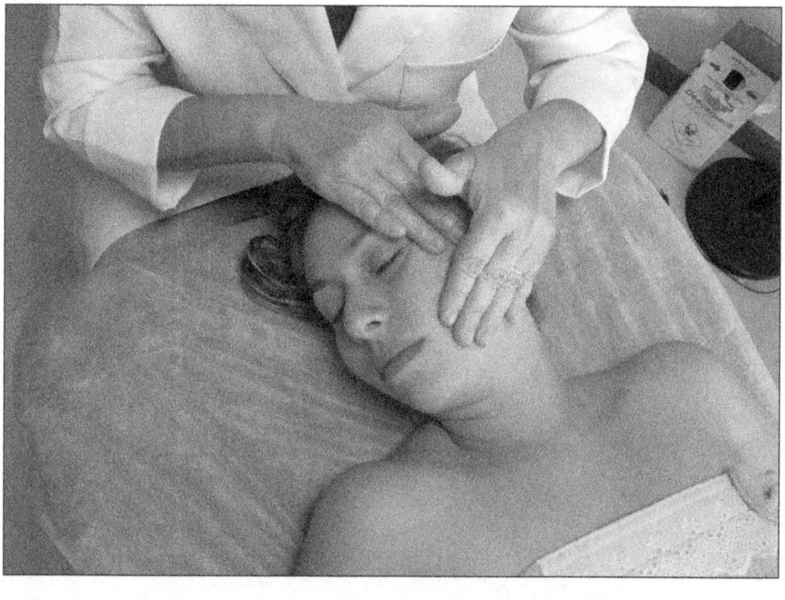

Manter os dedos na mesma posição (voltados para baixo) e fazer movimentos para o lado, em direção ao duto linfático, no pescoço, para drenagem do líquido estimulado.

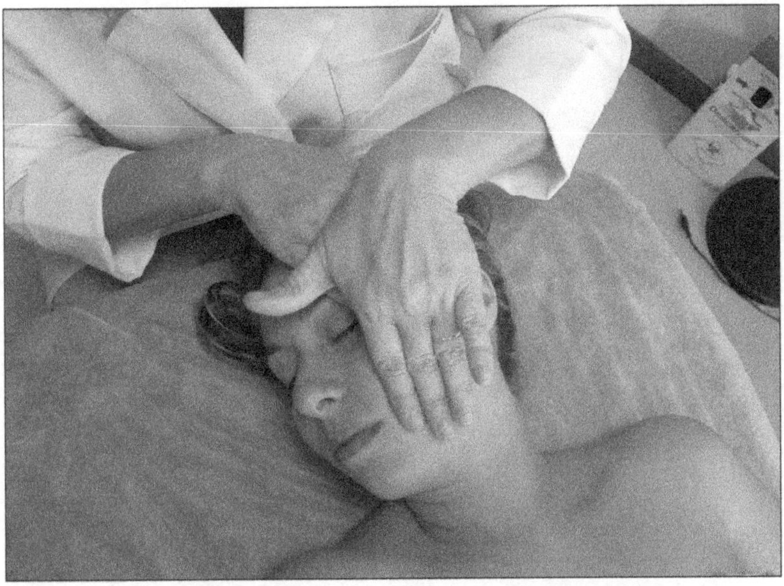

Continuação do movimento anterior.

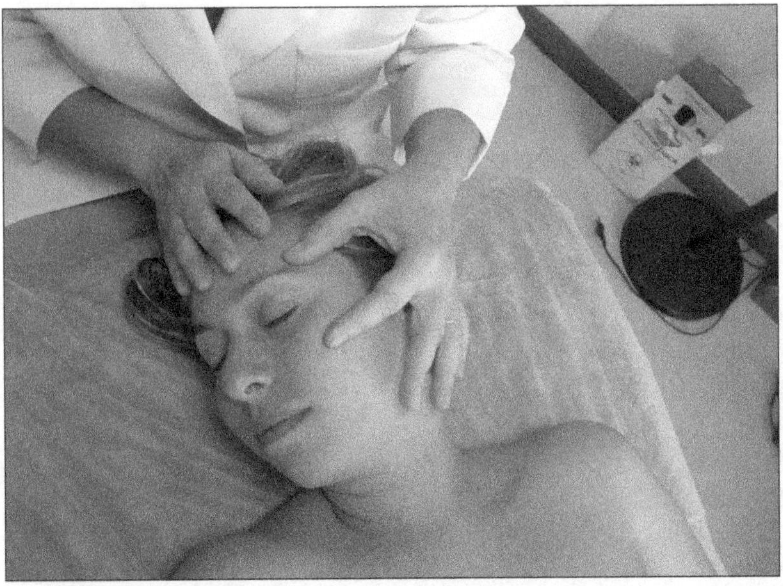

Para rugas orbiculares dos olhos (pés-de-galinha), virar a cabeça do paciente de lado e abrir a lateral do olho com o polegar e o indicador da mão esquerda. Com os dedos indicador e médio, da mão direita, fazer a tonificação ao redor dessa área por, aproximadamente, dois minutos.

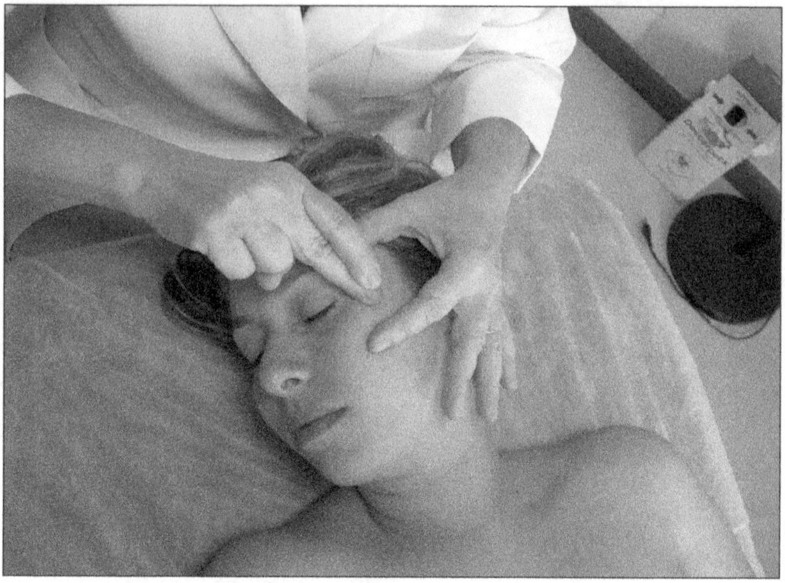

Com os mesmos dedos do exercício anterior,
fazer um passamento.

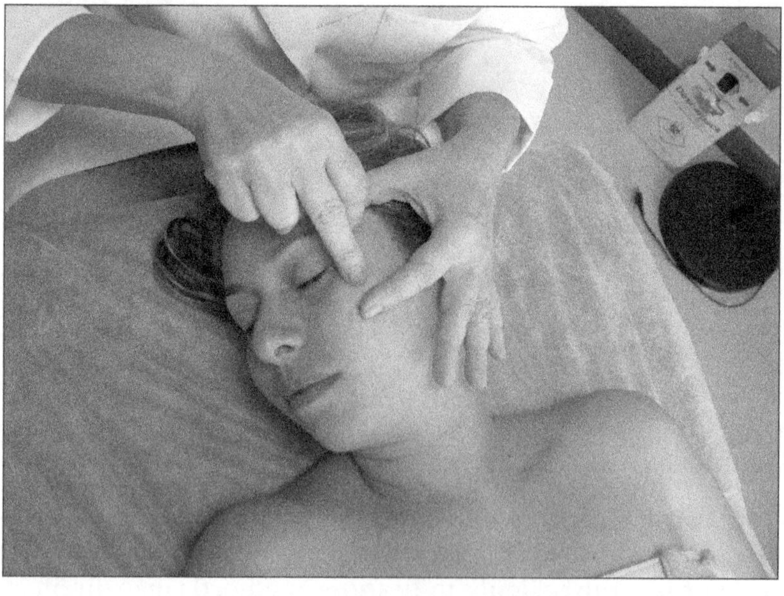

Continuação do movimento anterior.

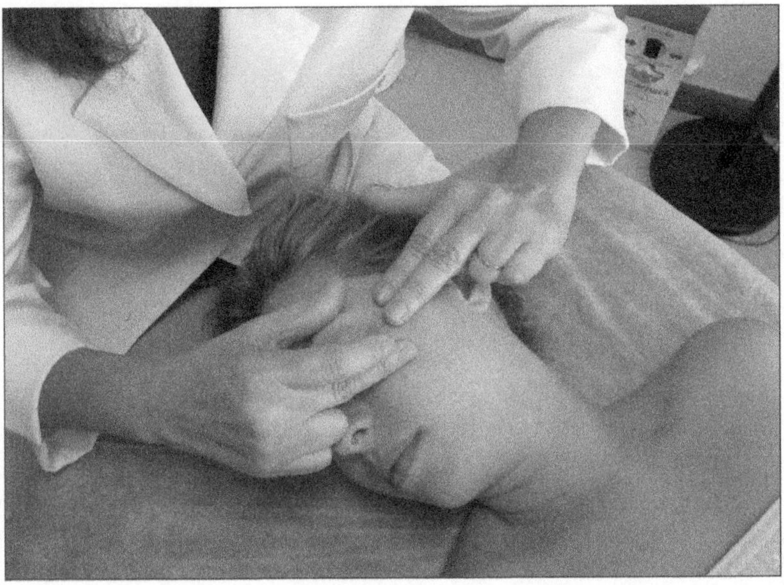

Colocar os dois dedos horizontalmente à fissura orbital e fazer um giro de 180°, 3 vezes.

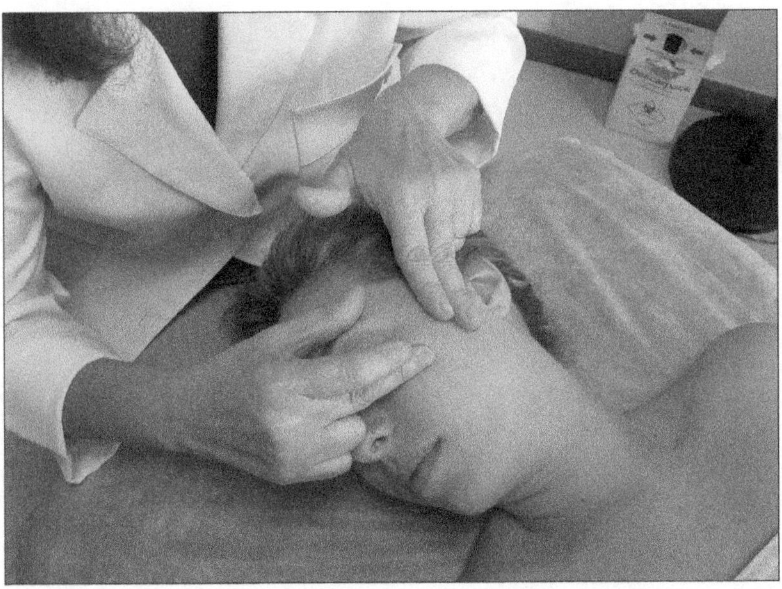

Com os mesmos dois dedos, na posição vertical, fazer movimentos em direção ao duto linfático, na orelha.

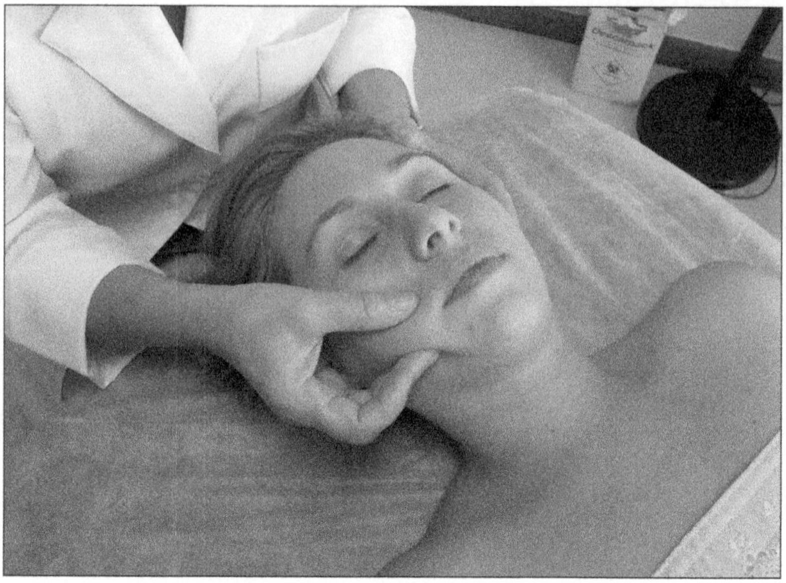

Para o fortalecer do contorno do rosto, aplicar suaves beliscões ao redor do maxilar.

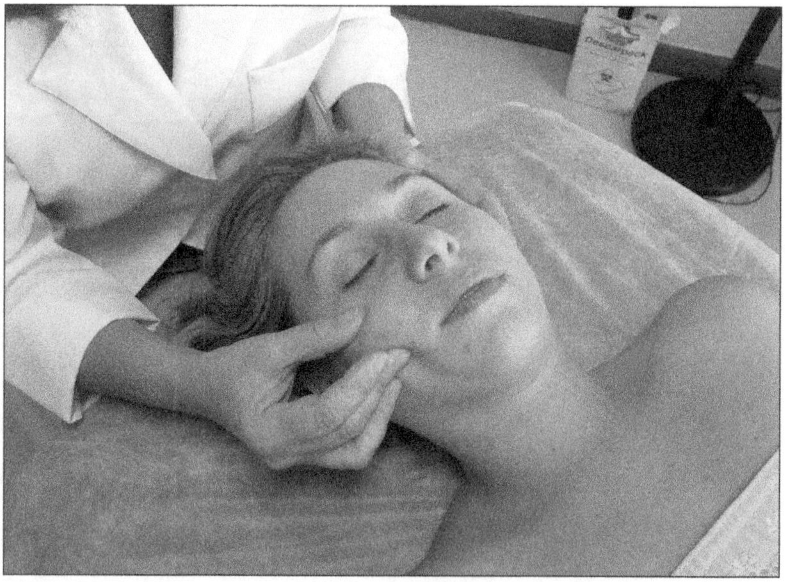

Pressionar com o polegar e o dedo médio vários pontos do rosto, para atingir pontos internos da bochecha.

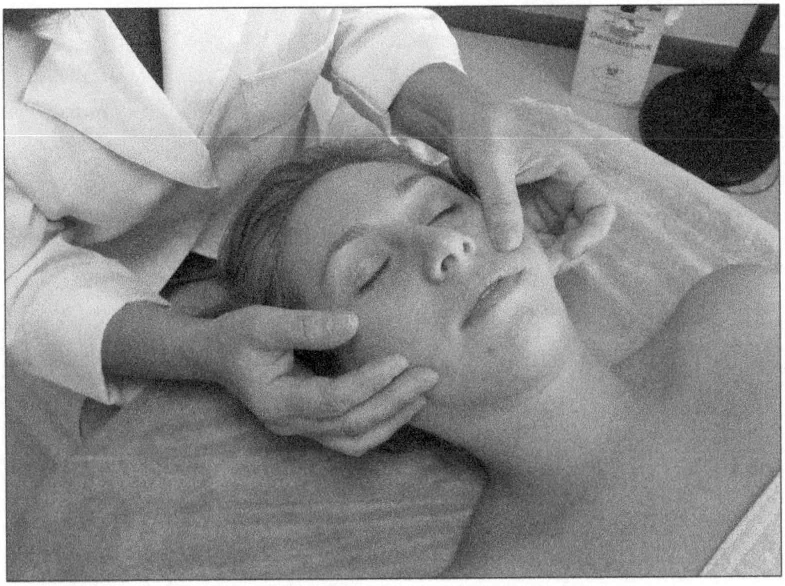

Continuação do movimento anterior.

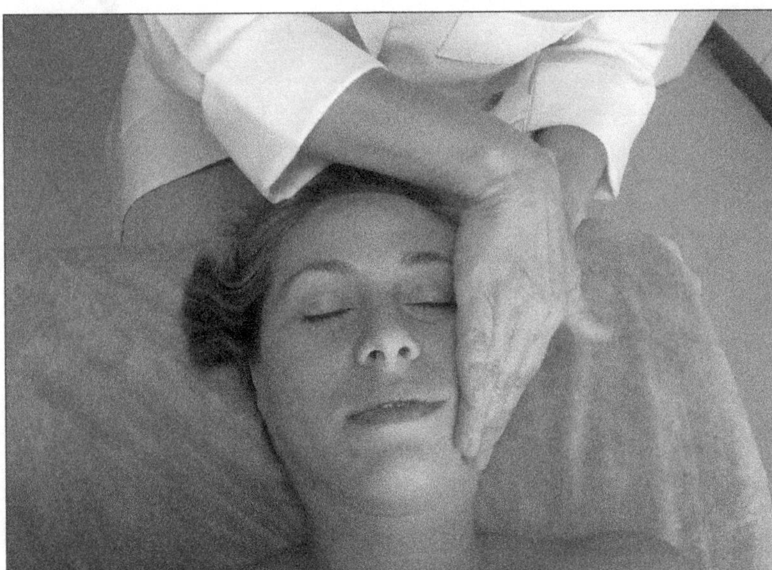

Puxar a pele da face para cima com as duas mãos – repetir do outro lado da face.

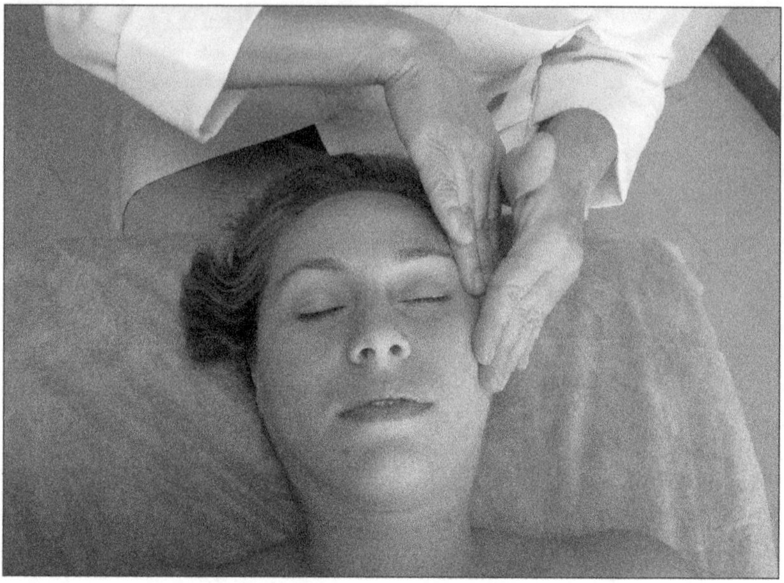

Continuação do movimento anterior.

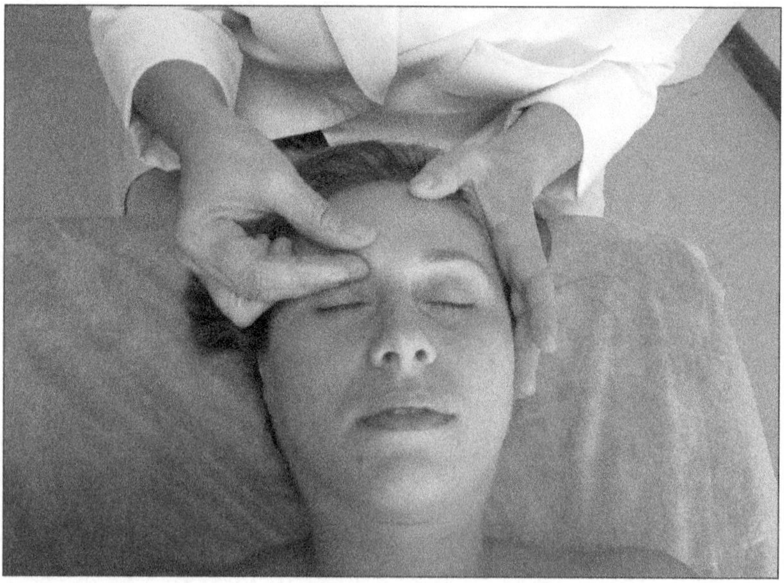

Fazer pequenos beliscões na sobrancelha e manter por alguns segundos.

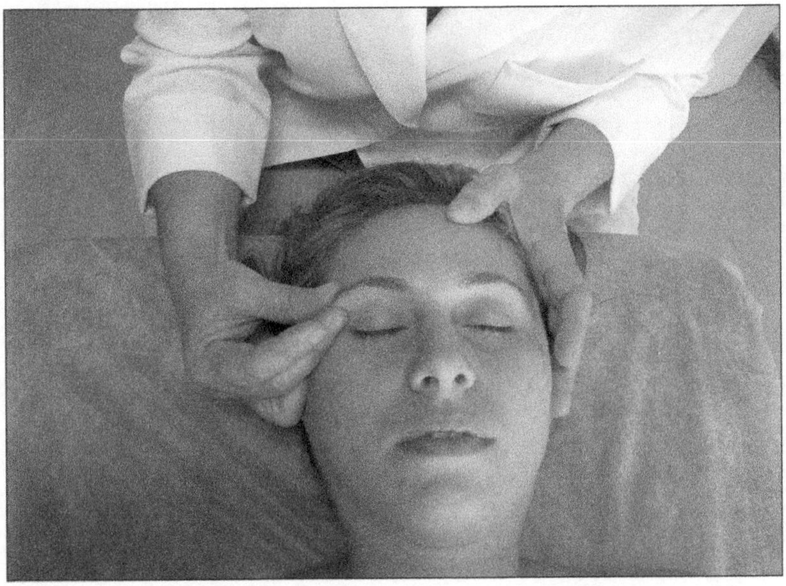

Continuação do movimento anterior.

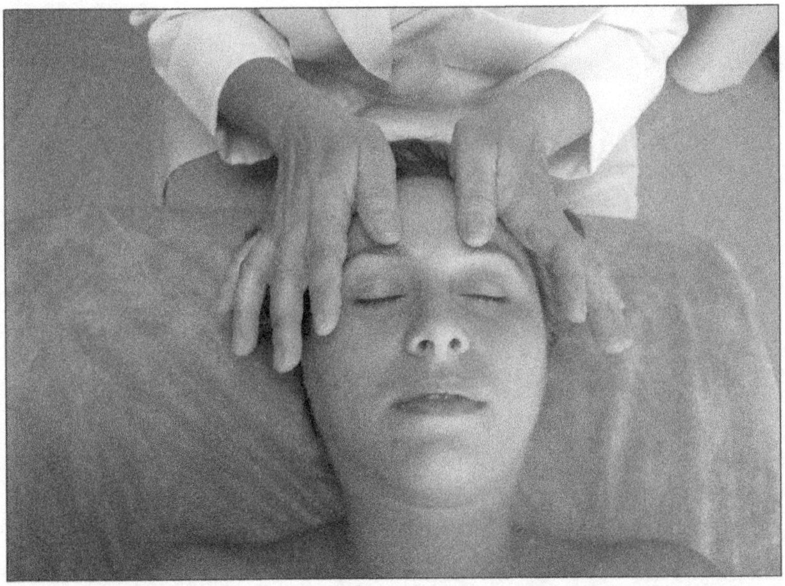

Deslizar 5 vezes os polegares sobre cada linha da testa, do centro para as extremidades.

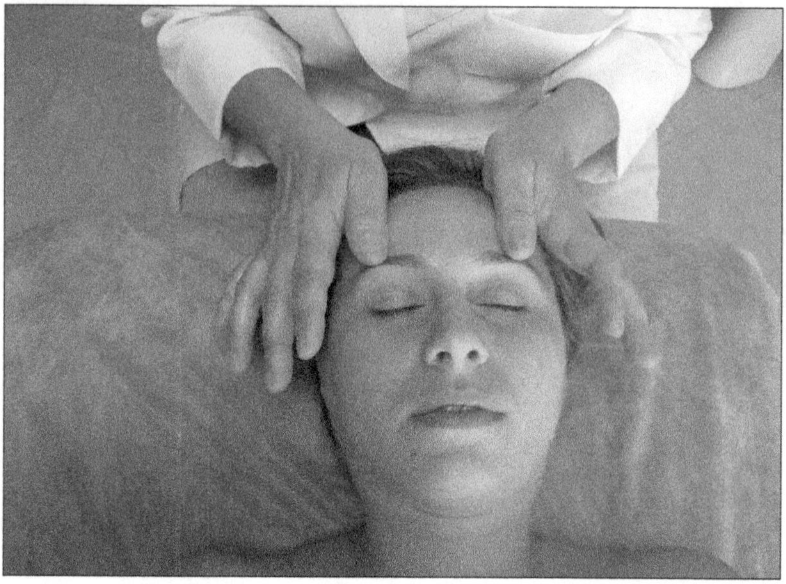

Continuação do movimento anterior.

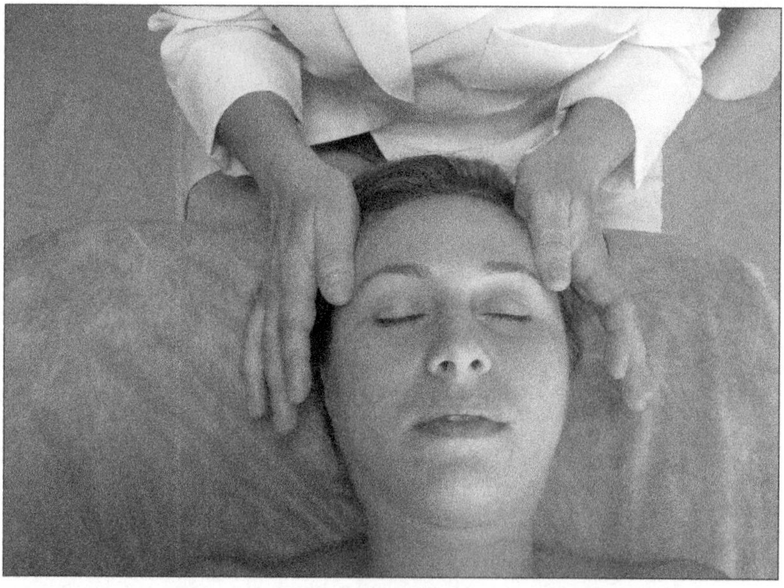

Continuação do movimento anterior.

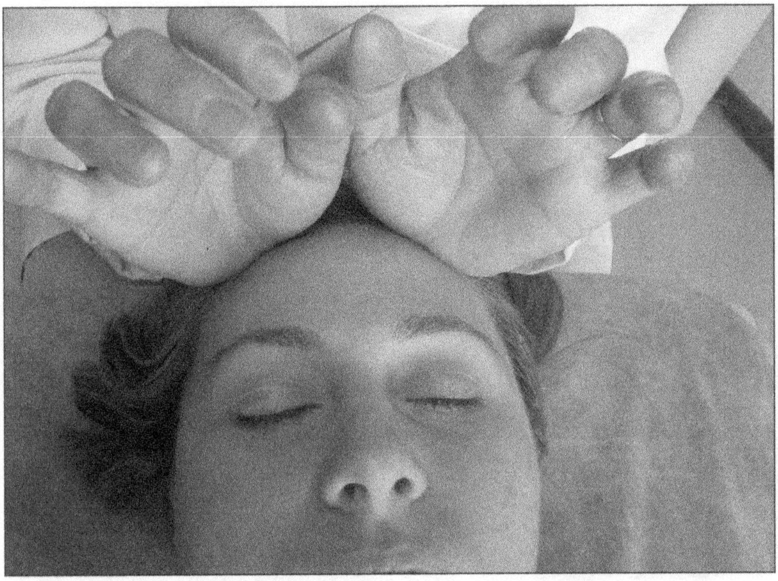

Trabalhar os meridianos da face. Um lado de cada vez.
Terminar com o "vôo da águia".

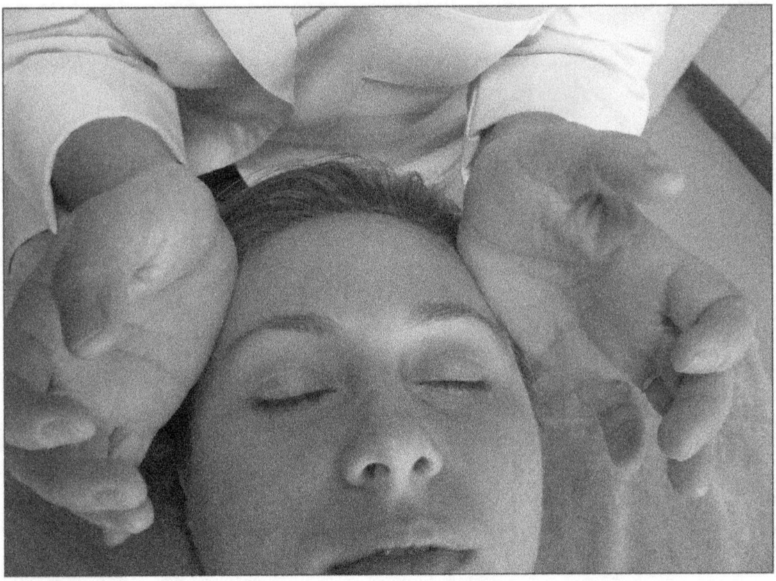

Continuação do movimento anterior.

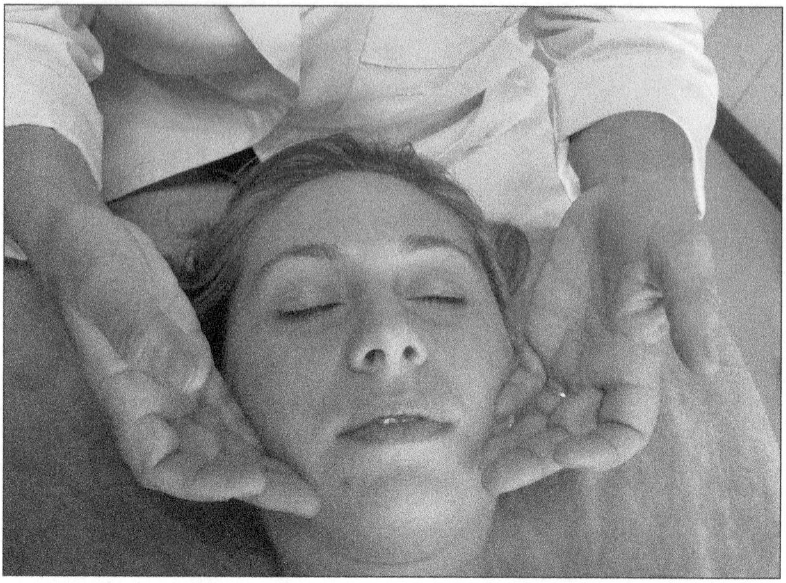

Continuação do movimento anterior.

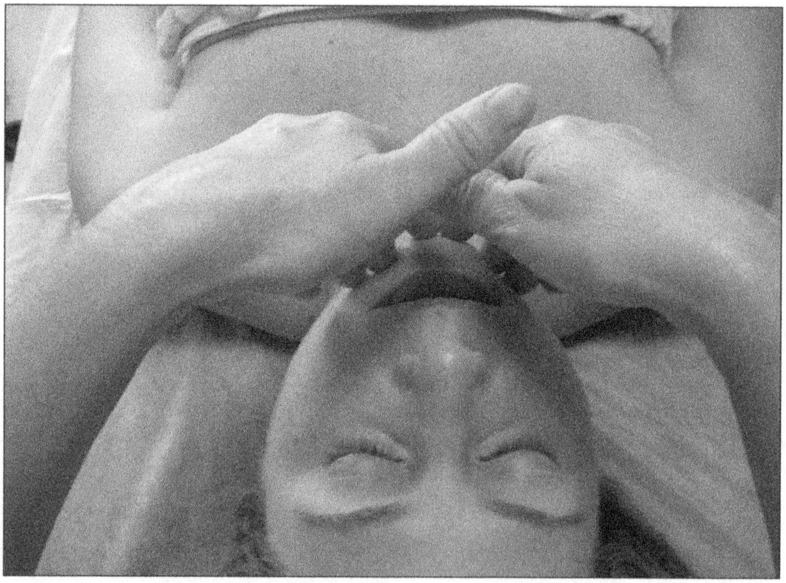

Continuação do movimento anterior.

Para bolsas, alisar as pálpebras superiores, de dentro para fora, com os polegares, 7 vezes. Fazer o mesmo movimento nas pálpebras inferiores. A seguir, com os dois dedos, direcionar o líquido estimulado para o duto linfático nas orelhas.

Tonificar por dois minutos, cada um dos pontos: B 1, B 2, VB 1, Pex 3, TA 23 e E 2.

Para queixo duplo, apoiar a cabeça do paciente sobre um travesseiro ou almofada deixando a cabeça pendente e levantá-la bem devagar. Repetir o movimento 10 vezes.

Observação: Este exercício não pode ser aplicado em pessoas com problemas na cervical.

Tratamento Estético

As rugas e sulcos podem aparecer nas regiões: frontal, ocular, nasal, peri e parabucal.

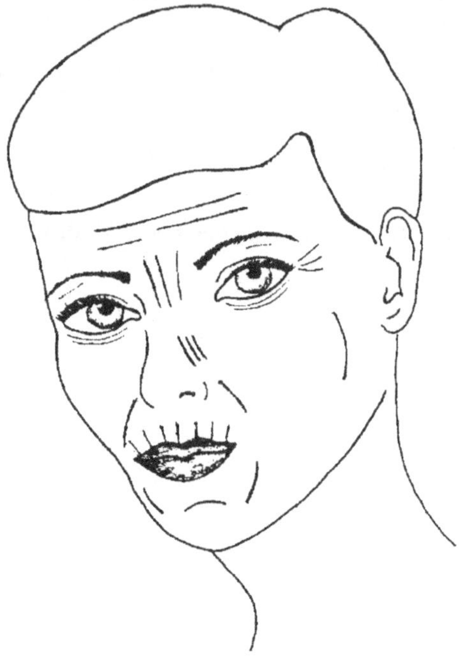

A seguir, apresentamos uma sequência básica para correção, sedando um grupo de músculos e tonificando outros.

O ponto de correção seguido de asterisco (*), representa o comando do principal músculo responsável pelo sulco ou ruga, e deve ser trabalhado primeiro.

Observação: Nunca tonificar um músculo sem antes sedar o seu antagonista.

REGIÃO FRONTAL

Rugas horizontais

As rugas horizontais aparecem na testa. Podem ser múltiplas, ou uma única.

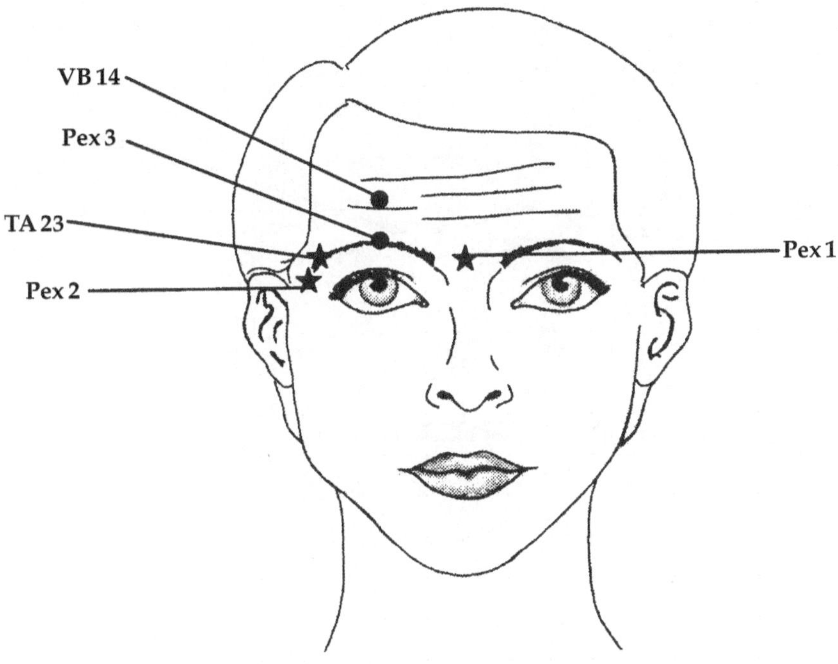

Pontos de correção
● = SEDAÇÃO ★ = TONIFICAÇÃO

Causas: Tensão do músculo frontal, relaxamento do músculo piramidal.

Tratamento: Sedar Pex 3* e VB 14.
Tonificar: Pex 1*, Pex 2 e TA 23.

Rugas verticais

As rugas verticais são rugas de preocupação, e aparecem entre as sobrancelhas.

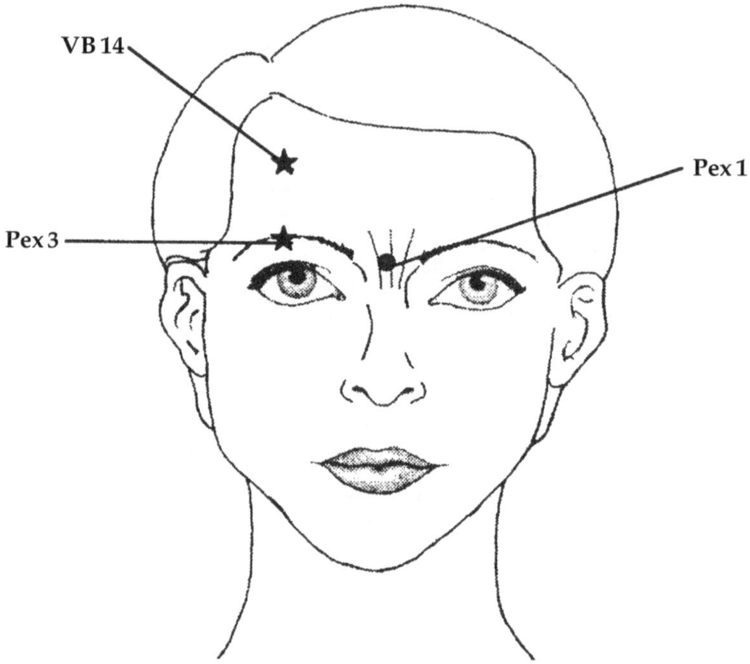

Pontos de correção
● = SEDAÇÃO ★ = TONIFICAÇÃO

Causas: Tensão do músculo piramidal, relaxamento do músculo frontal.

Tratamento: Sedar: Pex 1*.
Tonificar: Pex 3* e VB 14.

Região ocular

As rugas para-oculares ou "pés-de-galinha" surgem ao lado dos olhos, abrindo-se em leque, lateralmente e por vezes no terço externo da pele, logo abaixo das pálpebras inferiores.

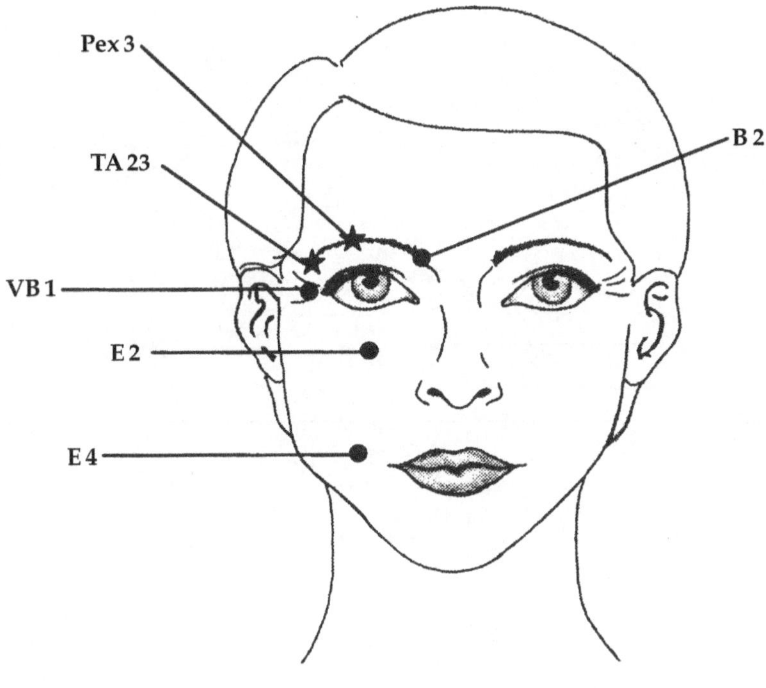

Pontos de correção
● = SEDAÇÃO ★ = TONIFICAÇÃO

Causas: Tensão dos músculos orbiculares das pálpebras e zigomáticos maior e menor. Relaxamento do músculo frontal.

Tratamento: Sedar: E 2*, B 2, E 4 e VB 1.
Tonificar: Pex 3* e TA 23.

Região nasal

As rugas para-nasais surgem ao lado do nariz, são geralmente oblíquas, sentido de cima para baixo e de dentro para fora, desde as proximidades da ponte nasal na projeção do canto interno do olho até o sulco naso-geniano.

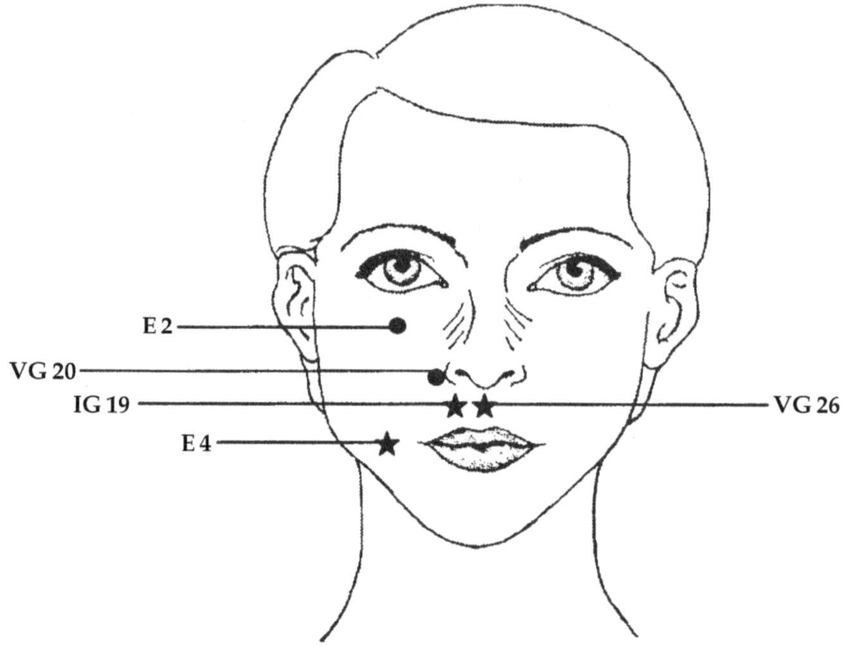

Pontos de correção
● = SEDAÇÃO ★ = TONIFICAÇÃO

Causas: Tensão do músculo elevador comum da asa do nariz e do lábio superior. Relaxamento do músculo orbicular dos lábios.

Tratamento: Sedar: IG 20* e E 2.
Tonificar: E 4*, IG 19 e VG 26.

Região peri e parabucal

As rugas da dentadura ou "rugas da prótese dentária" aparecem em toda extensão do lábio superior, verticalmente. Geralmente após a ablação e colocação de próteses.

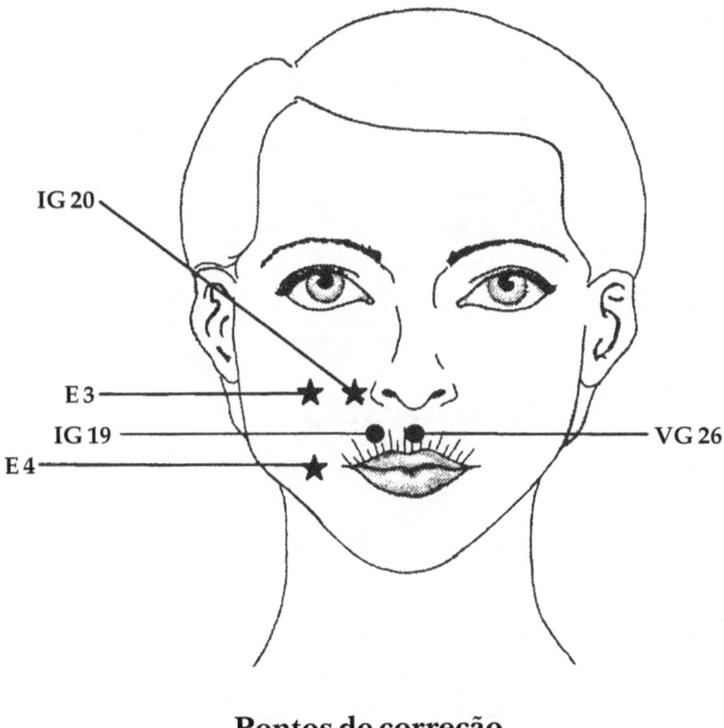

Pontos de correção
● = SEDAÇÃO ★ = TONIFICAÇÃO

Causas: Tensão do músculo orbicular dos lábios. Relaxamento do músculo bucinador, elevador próprio do lábio superior e do elevador comum da asa do nariz e do lábio.

Tratamento: Sedar: VG 26* e IG 19.
Tonificar: E 4*, E 3 e IG 20.

Ruga supramentoniana

A ruga supramentoniana é paralela ao lábio inferior, a ½ tsun entre a borda deste e o queixo (mento).

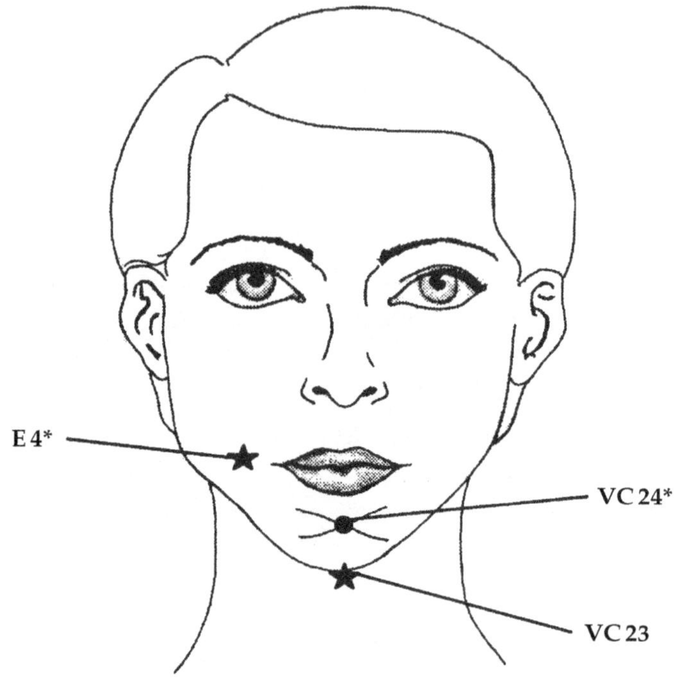

Pontos de correção
● = SEDAÇÃO ★ = TONIFICAÇÃO

Causas: Tensão do músculo depressor do lábio inferior. Relaxamento do orbicular dos lábios.

Tratamento: Sedar: VC 24*.
Tonificar: E 4* e VC 23.

Rugas parabucais distais

As rugas parabucais distais aparecem nas proximidades do canto interno dos olhos e descem formando um arco que acompanha paralelamente as rugas naso-queixonianas ou parabucais intermédias.

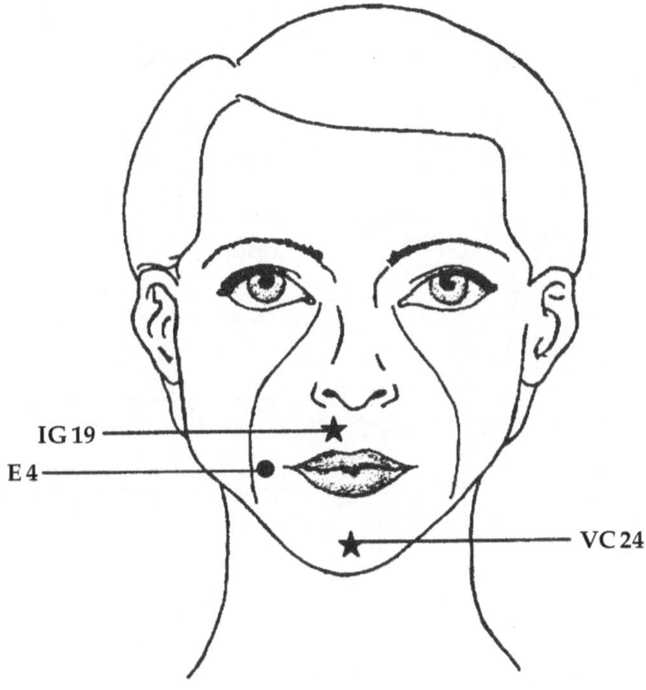

Pontos de correção
● = SEDAÇÃO ★ = TONIFICAÇÃO

Causas: Tensão dos músculos bucinador e zigomático maior e menor. Relaxamento dos músculos orbicular dos lábios e depressor do ângulo da boca.

Tratamento: Sedar: E 4*.
Tonificar: VC 24* e IG 19.

Rugas parabucais remotas

As rugas parabucais remotas contornam o arco vertical e parte lateral das bochechas, atrás da projeção dos cantos externos dos olhos.

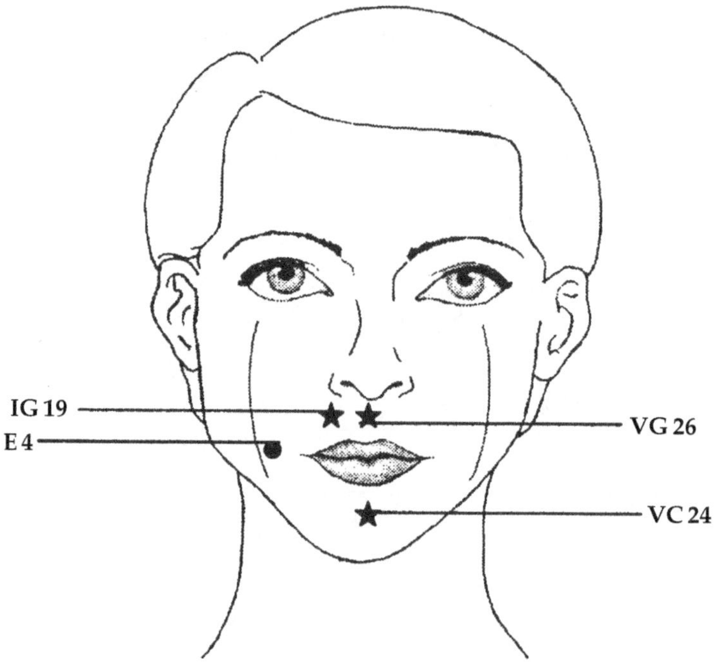

Pontos de correção
● = SEDAÇÃO ★ = TONIFICAÇÃO

Causas: Tensão do músculo bucinador, relaxamento do músculo orbicular dos lábios.

Tratamento: Sedar: E 4*.
Tonificar: VG 26*, VC 24 e IG 19.

Rugas parabucais proximais

Estas rugas ficam próximas das comissuras labiais, iniciando no nível destas ou logo acima e descendo, verticalmente em suaves curvas que tentam contornar o queixo.

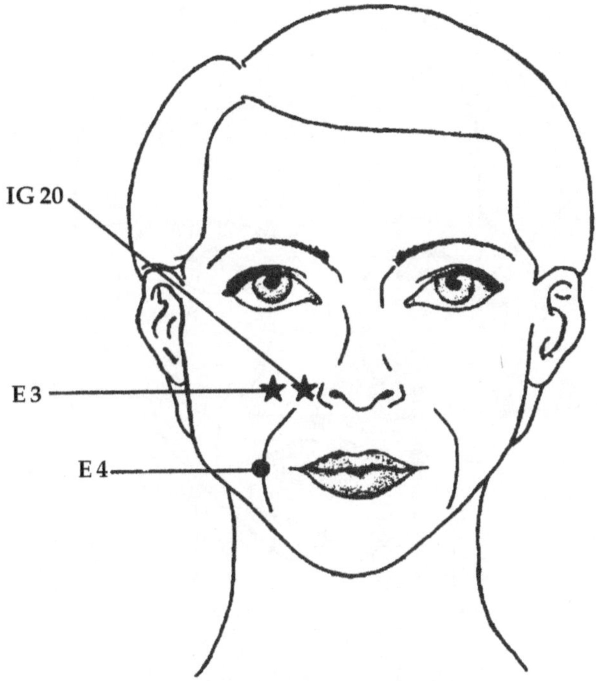

Pontos de correção
● = SEDAÇÃO ★ = TONIFICAÇÃO

Causas: Tensão do músculo depressor do ângulo da boca. Relaxamento do ângulo elevador próprio do lábio superior e do elevador do ângulo da boca.

Tratamento: Sedar: E 4*.
Tonificar: E 3* e IG 20.

Rugas naso-queixo-genianas ou parabucais intermédias

As rugas naso-queixo-genianas ou parabucais intermédias descem ao longo do sulco naso-geniano, são praticamente paralelas às rugas parabucais proximais, lateralmente.

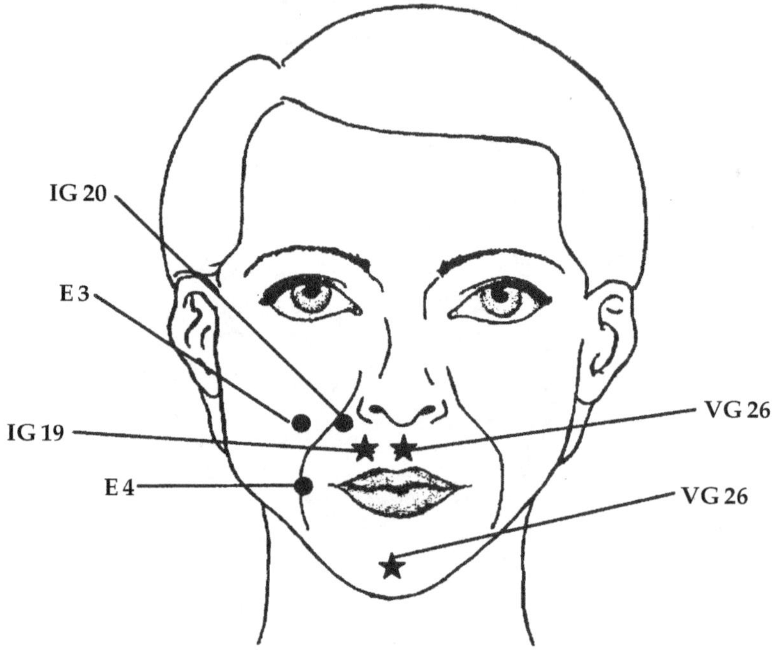

Pontos de correção

● = SEDAÇÃO ★ = TONIFICAÇÃO

Causas: Tensão dos músculos zigomáticos maior e menor e dos elevadores do lábio superior e do ângulo da boca. Relaxamento dos músculos orbicular e do depressor do ângulo da boca.

Tratamento: Sedar: E 4*, E 3 r IG 20.
Tonificar: VG 26*, VG 24 e IG 19.

Observação: Antes de trabalhar as rugas genianas, fazer a drenagem dos dois lados do pescoço (esternocleidomastóide). Trabalhar sempre os dois lados do rosto.

ENERGIZAÇÃO

Ao finalizar o tratamento da face, deve-se trabalhar os meridianos do rosto para uma energização.

Inicia-se pelo meridiano da Bexiga, sempre no sentido do seu fluxo, depois meridianos do Estômago, da Vesícula Biliar, do Triplo Aquecedor, do Intestino Delgado, do Intestino Grosso, do Vaso Governador e, finalmente, o meridiano do Vaso da Concepção.

Esta energização tem efeito significativo para a vitalização e o fortalecimento do Ki. Ao estimular os meridianos e os pontos energéticos promove-se o livre fluxo do Ki e maximiza-se os benefícios da massagem facial trazendo um rejuvenescimento para o rosto, já que a circulação sanguínea flui em harmonia. O rosto se ilumina, os olhos ficam mais brilhantes, a pele mais viçosa. E esse equilíbrio é sentido em todo o corpo.

Importante: No final de cada tratamento facial deve-se massagear as extremidades do corpo (mãos e pés), uma vez que a cabeça e a face, ao serem manipuladas, liberam energia que se direciona para esses locais. É necessário canalizá-la para o tronco (usina do corpo) para uma melhor redistribuição.

Mãos e Pés

Após o tratamento da face, com o Shiatsu Facial, deve-se trabalhar as mãos e os pés do paciente, uma vez que, por ser o rosto (e a cabeça) a parte mais distal do corpo, é também a mais Yang. A energia acumulada nessa área, quando trabalhada, tende a dispersar para as extremidades do corpo, como as mãos e os pés. Assim como a face, as mãos e os pés contêm um maior número de terminações nervosas, e, quando são manipuladas, canalizam a energia para o Triplo Aquecedor (usina do corpo), onde se promove o equilíbrio, a homeostase do organismo, um bem-estar geral, físico, mental, emocional, energético e espiritual.

Mãos

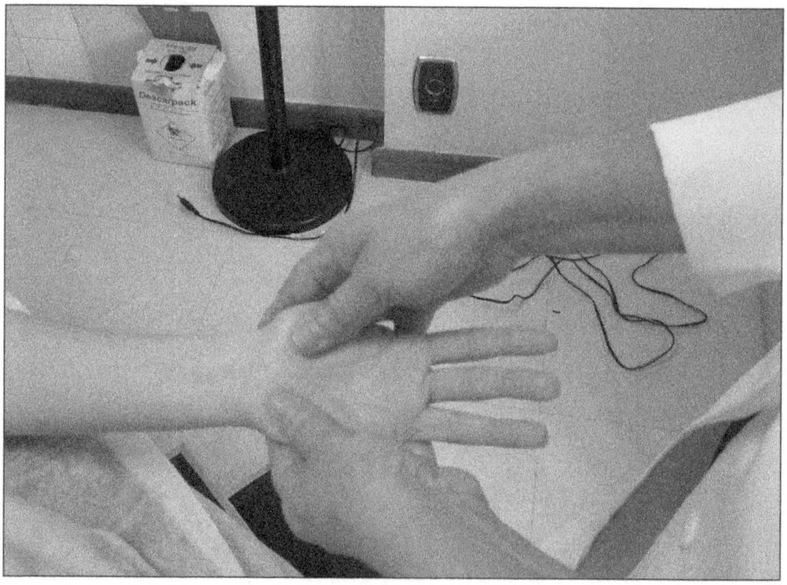

Segurar a mão do cliente entre as mãos, com a palma para cima, fazendo pressão com os dedos sobre as linhas imaginárias, do punho para os dedos.

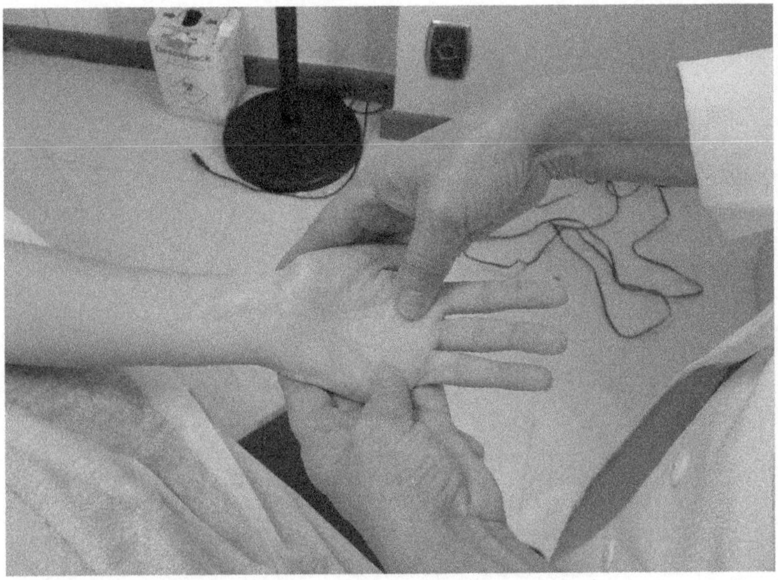

Continuação do movimento anterior.

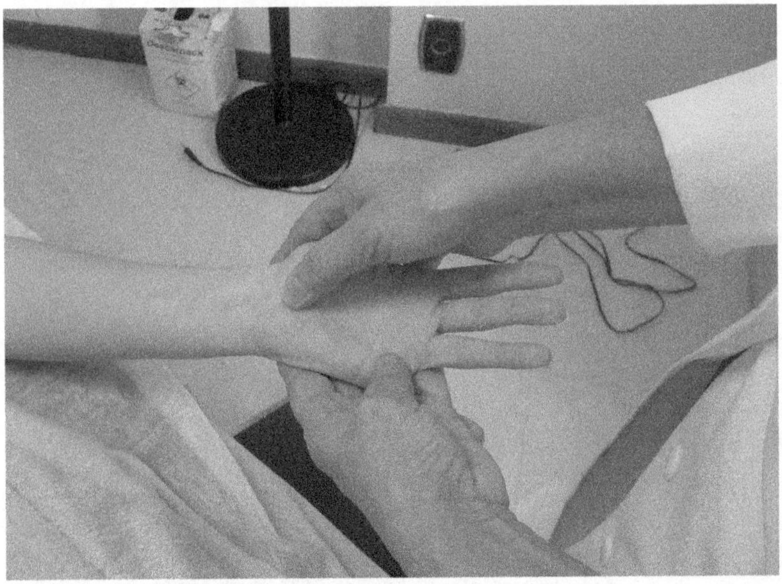

Continuação do movimento anterior.

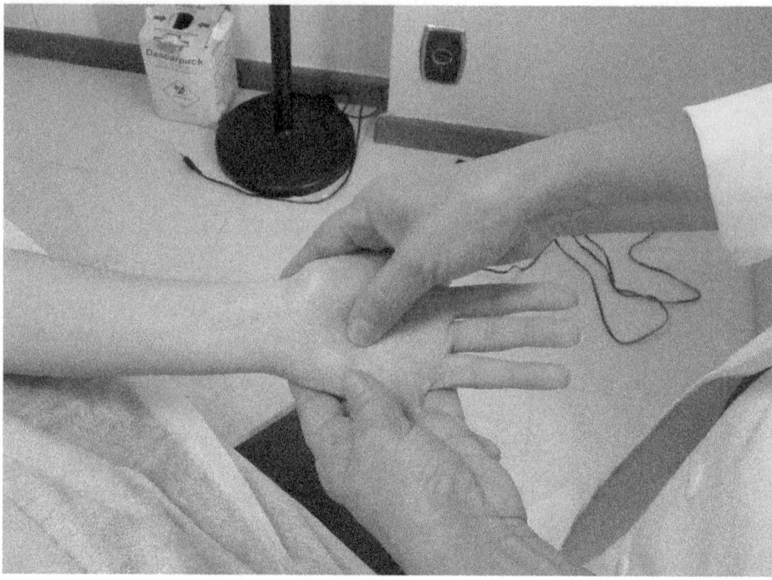

Continuação do movimento anterior.

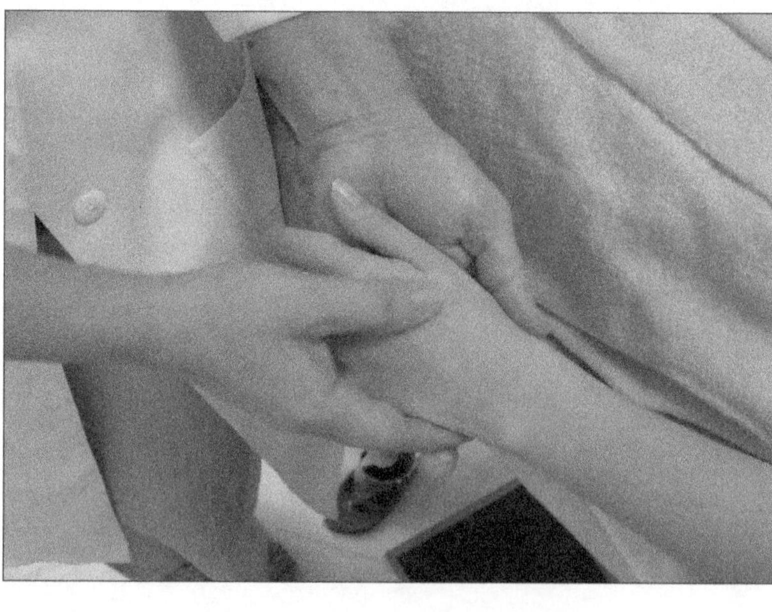

Virar a mão e massagear o seu dorso.

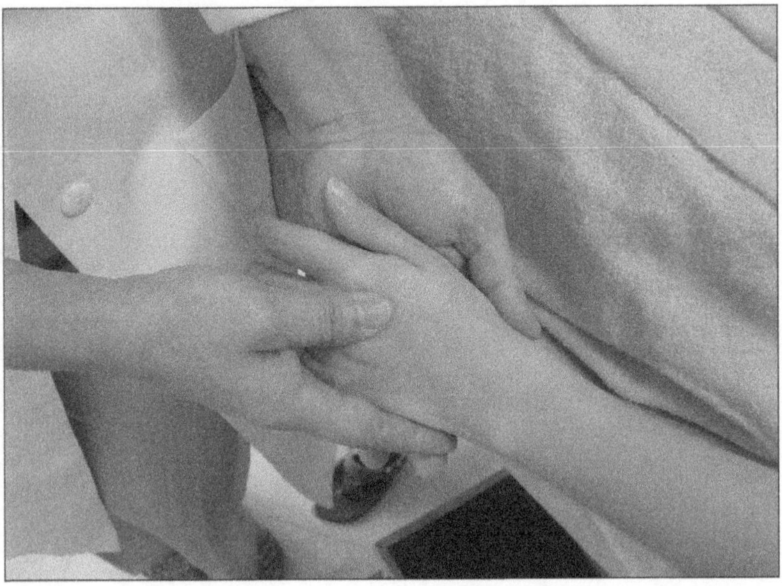

Continuação do movimento anterior.

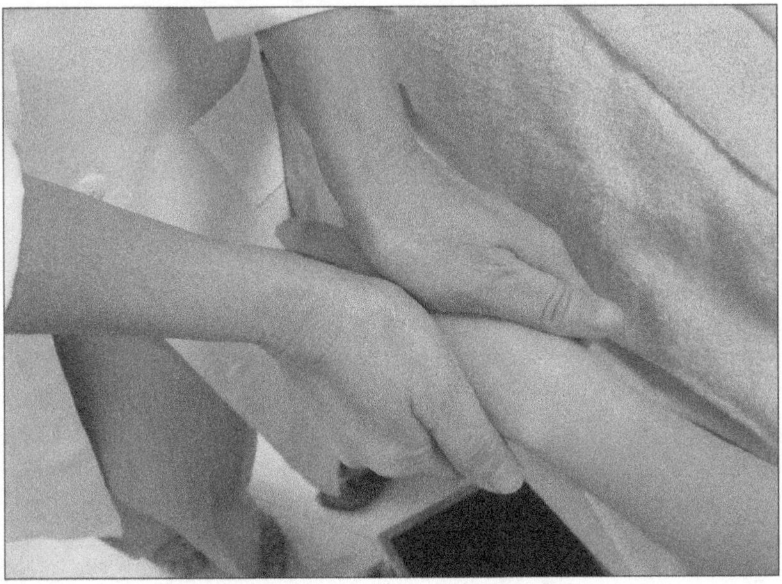

Continuação do movimento anterior.

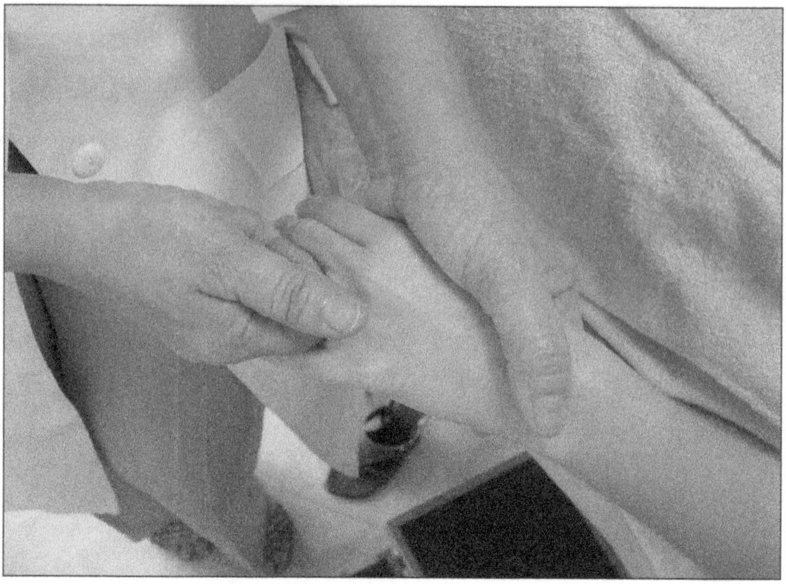

Trabalhar os dedos. Pressionar, rodar e puxar, com cuidado, principalmente em pessoas idosas ou com problemas ósseos.

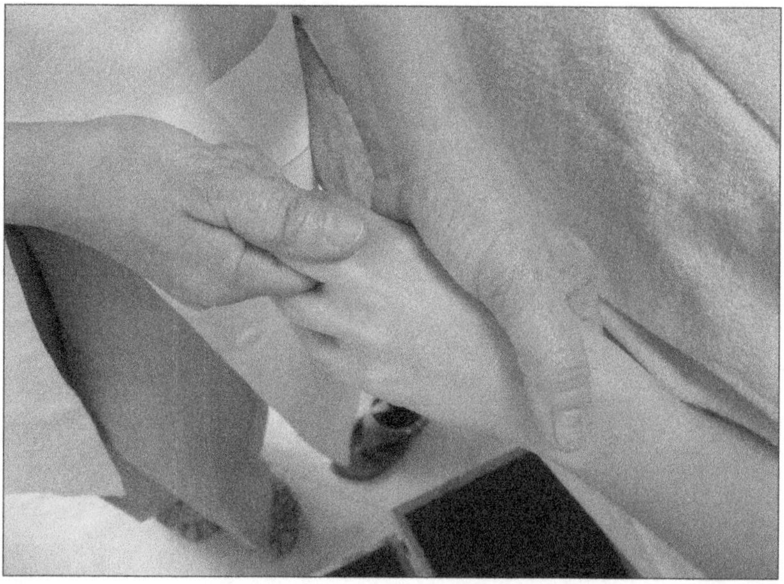

Continuação do movimento anterior.

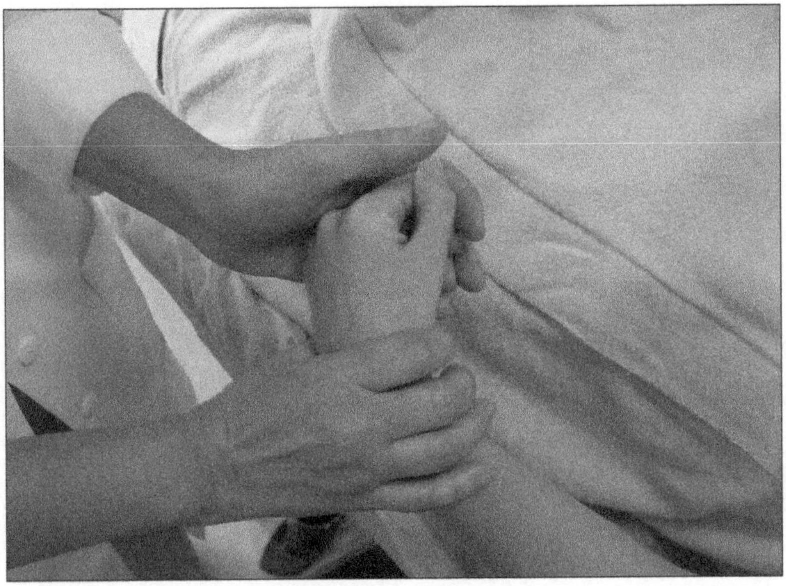

Continuação do movimento anterior.

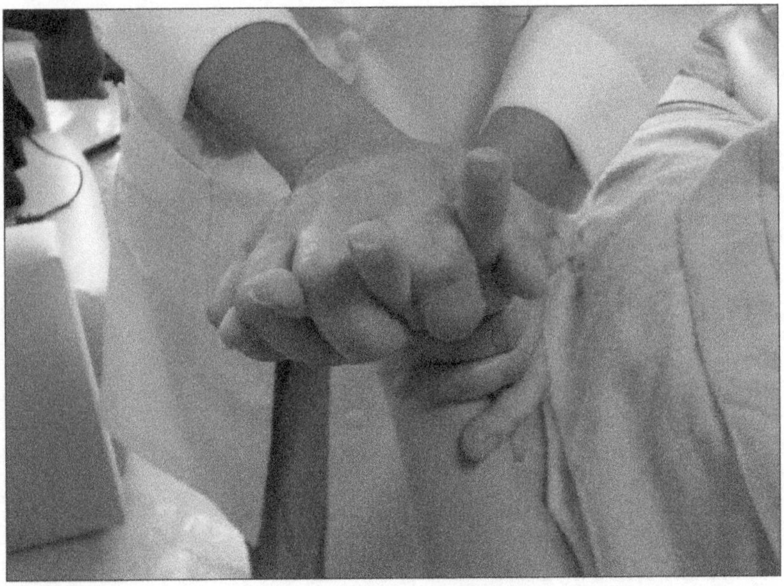

Trabalhar a articulação do punho fazendo movimento rotativo.

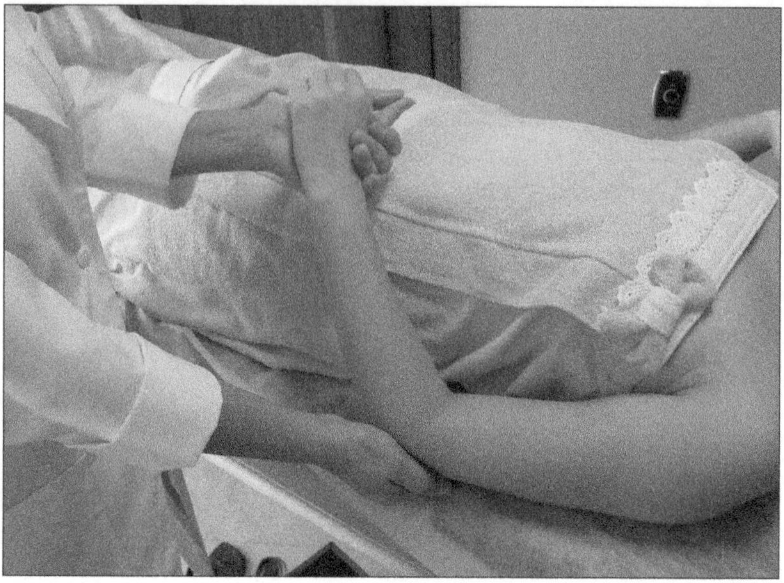

Trabalhar o cotovelo fazendo o mesmo movimento rotativo.
Repetir os movimentos na outra mão.

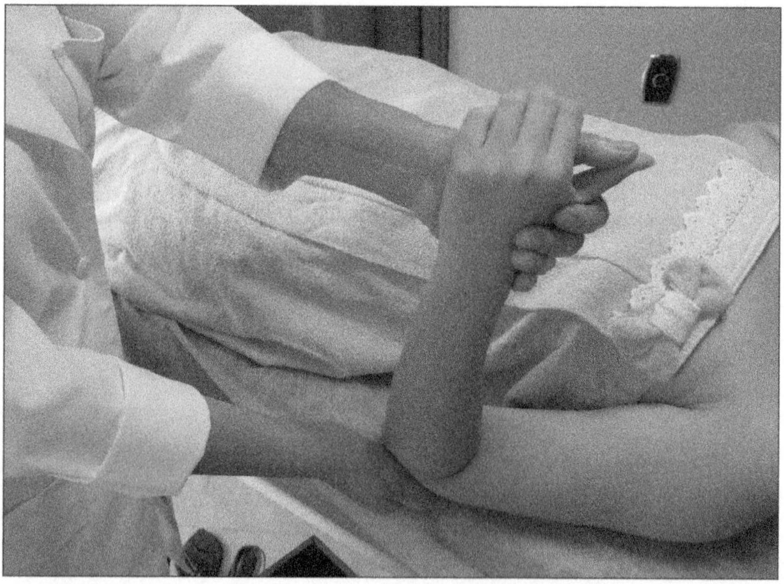

Continuação do movimento anterior.

Pés

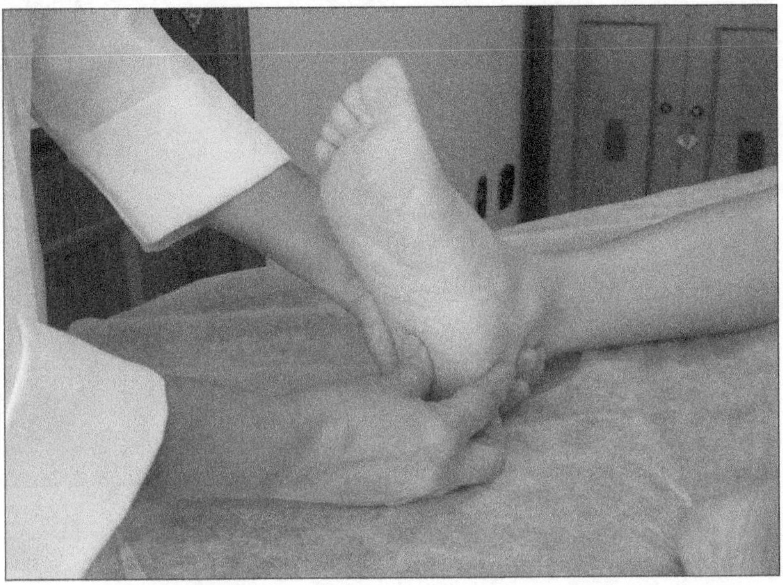

Contornar, com o polegar, a base do calcanhar em movimento circular.

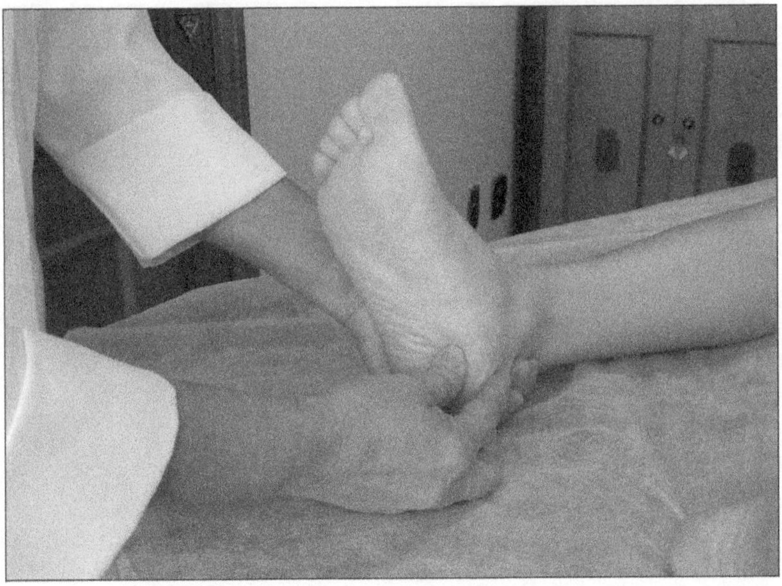

Continuação do movimento anterior.

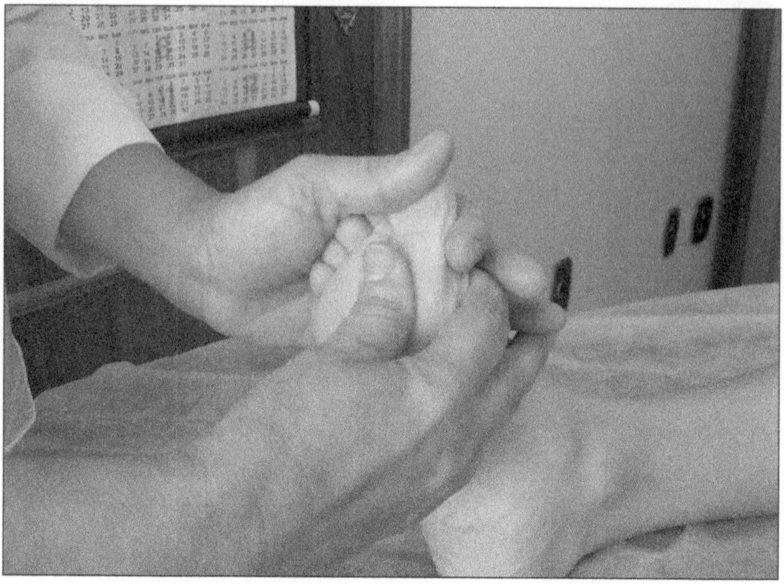

Trabalhar a planta do pé fazendo 3 linhas de cima para baixo, pressionando.

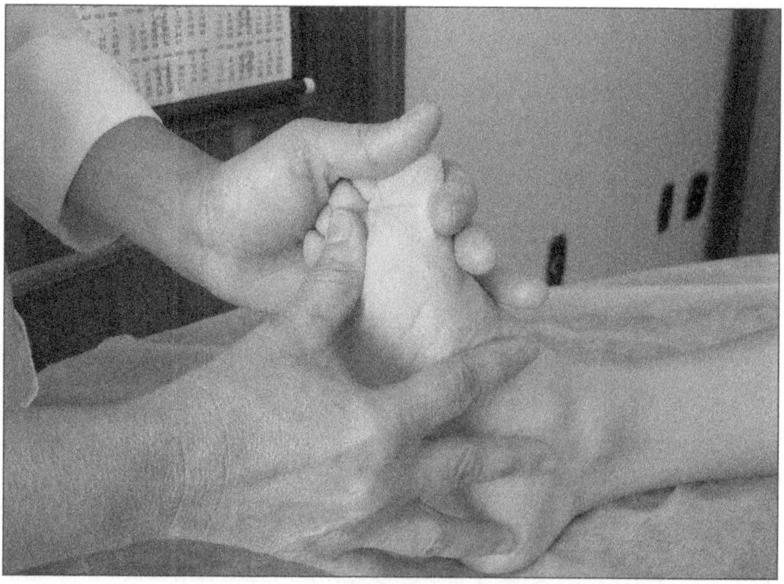

Continuação do movimento anterior.

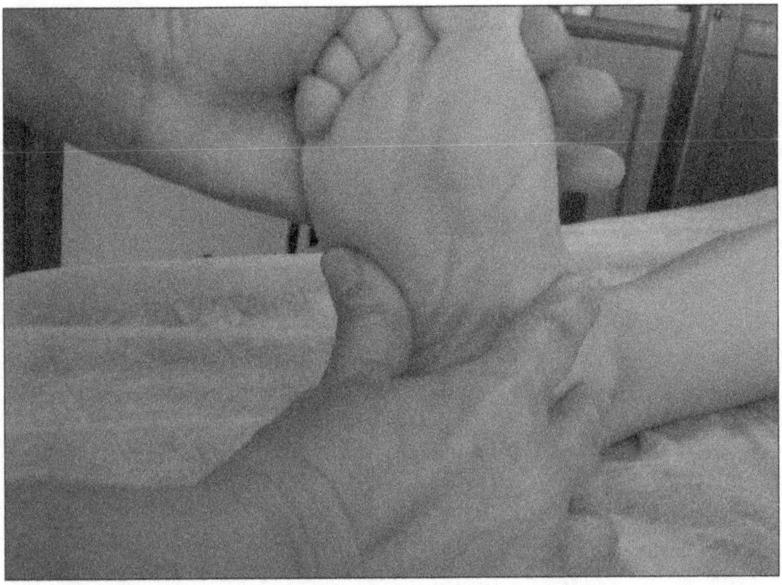

Continuação do movimento anterior.

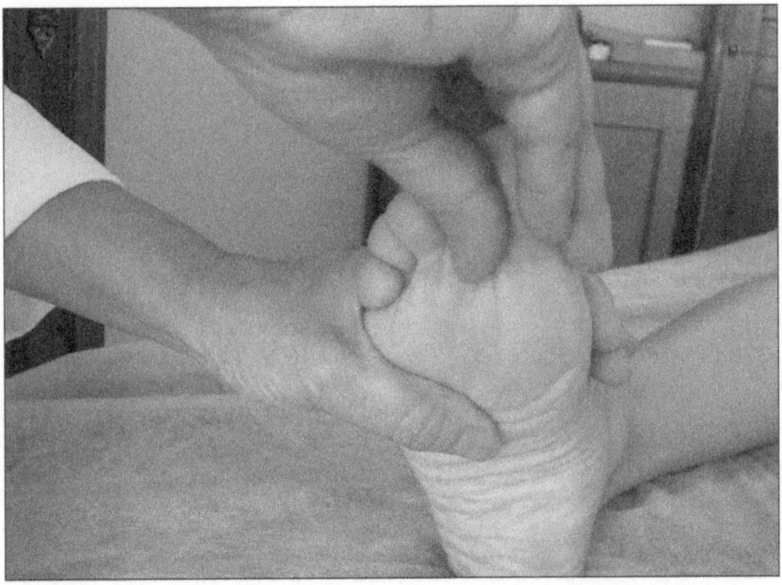

Trabalhar cada dedo do pé, pressionando, rodando e puxando.

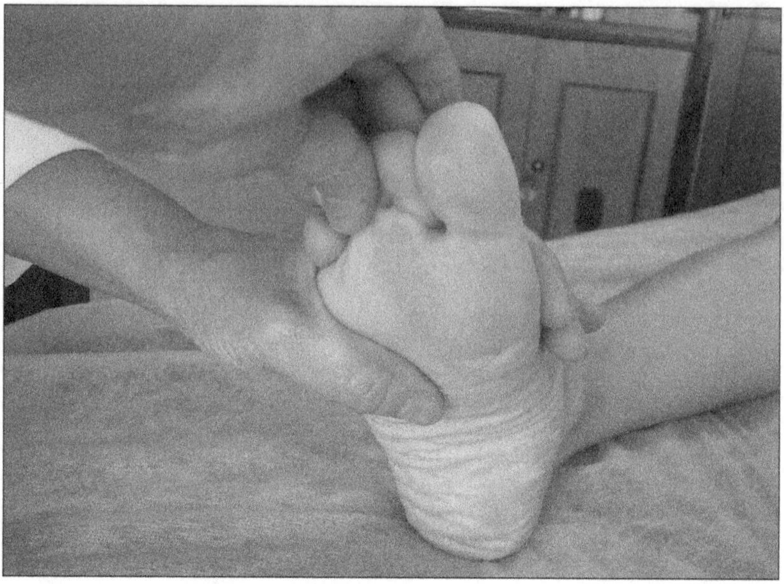

Continuação do movimento anterior.

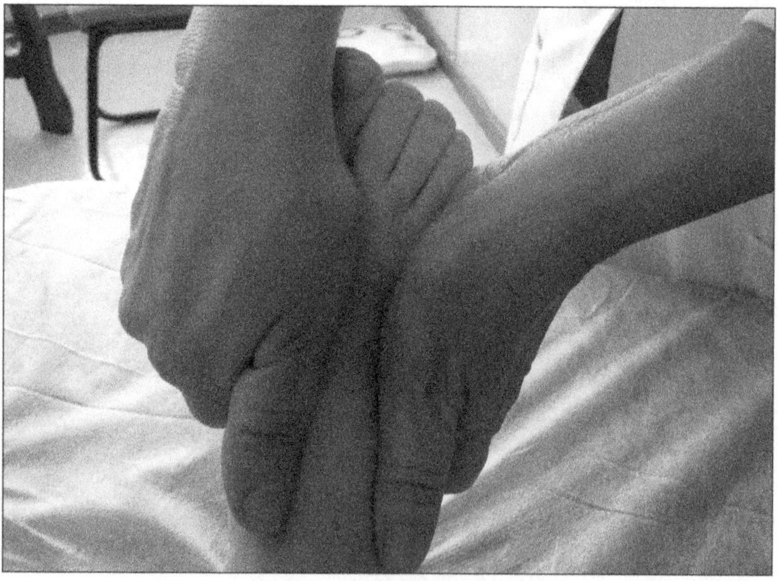

Massagear o dorso do pé com ambas as mãos.

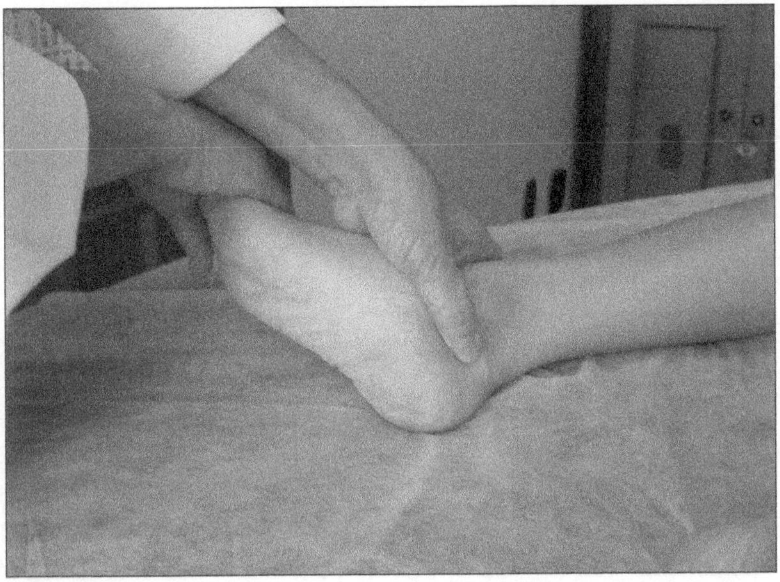

Contornar os maléolos, interno e externo, pressionando-os.

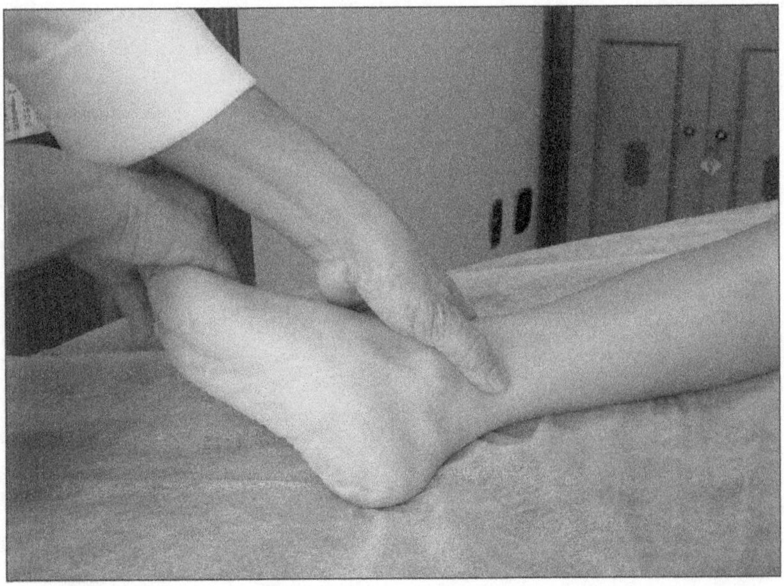

Continuação do movimento anterior.

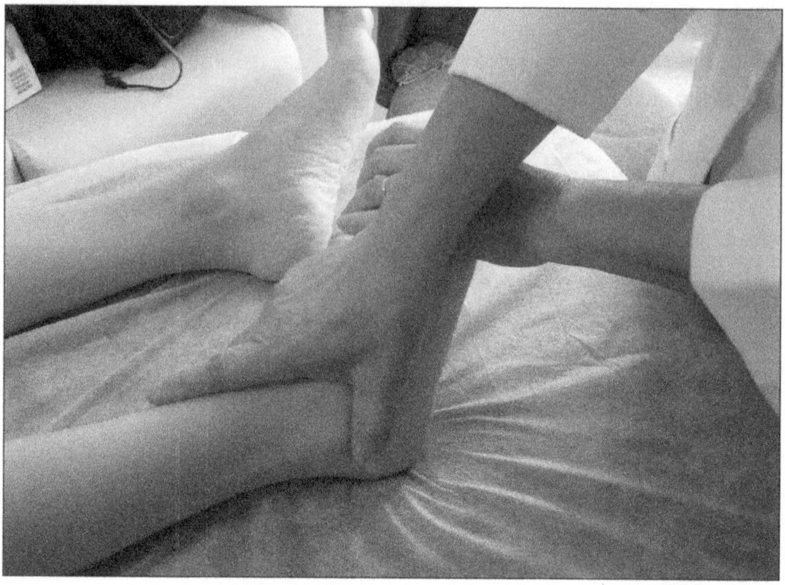

Continuação do movimento anterior.

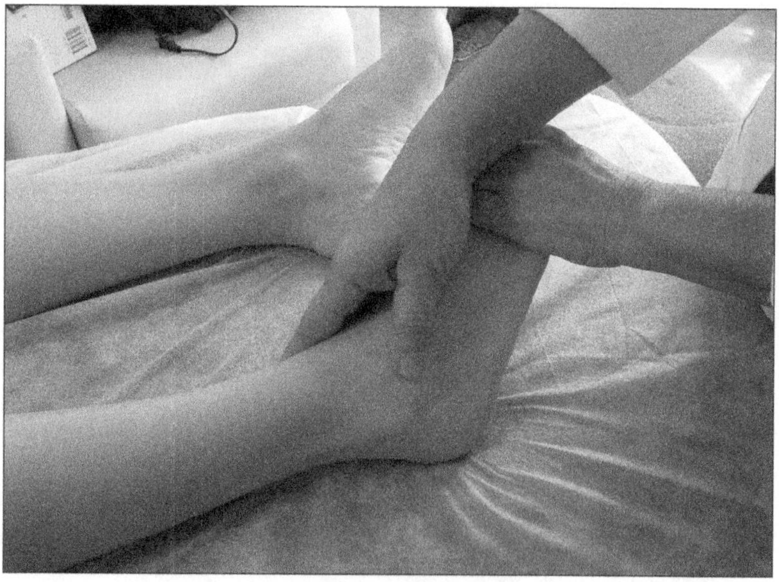

Continuação do movimento anterior.

Ginástica Facial

10

A ginástica facial envolve aproximadamente 50 músculos do rosto, pescoço e colo. Trabalha os músculos da face eliminando os pontos de tensão e promovendo o relaxamento. Esta ginástica segue os mesmos princípios dos exercícios corporais, ou seja, com movimentos repetitivos as fibras musculares encurtam e o músculo incha (ganha tônus).

O professor ou terapeuta deve ensinar os movimentos e pedir que o paciente os repita várias vezes até conseguir fazê-los sozinho e corretamente.

É importante manter a pele limpa e hidratada e praticar os exercícios na frente de um espelho para perceber os erros e poder corrigi-los. Fazer os exercícios 10 a 15 minutos por dia, com movimentos lentos e suaves.

Não desanime e insista sempre, pois o resultado será visível logo no primeiro mês e você vai se entusiasmar.

Exercícios

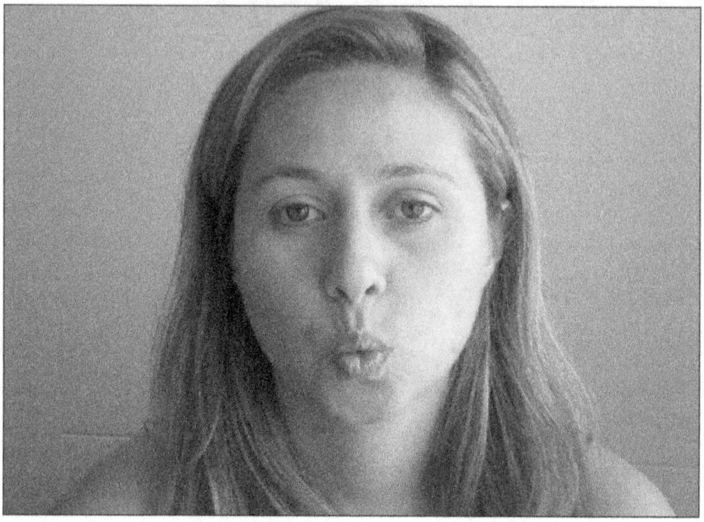

Fazer biquinho deixando os lábios levemente abertos. Contar até 15. Repetir os movimentos 8 a 10 vezes. (*Atua nas rugas laterais, rugas orbiculares dos lábios e flacidez bucal.*)

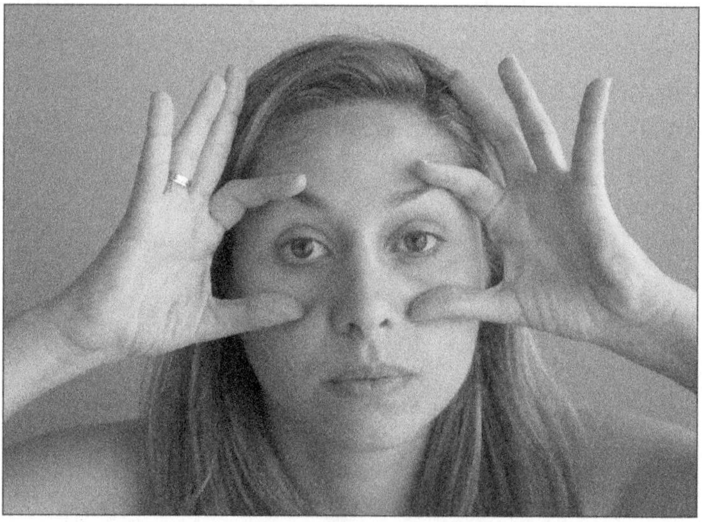

Arregalar os olhos o máximo que puder. Contar até 15. Repetir o movimento 8 a 10 vezes. (*Ajuda no tratamento das olheiras – clareia – reduzindo as rugas ao redor dos olhos.*)

Dar um sorriso bem aberto. Contar até 15. Repetir 8 a 10 vezes. *(Fortalece as parabucais e as maçãs do rosto.)*

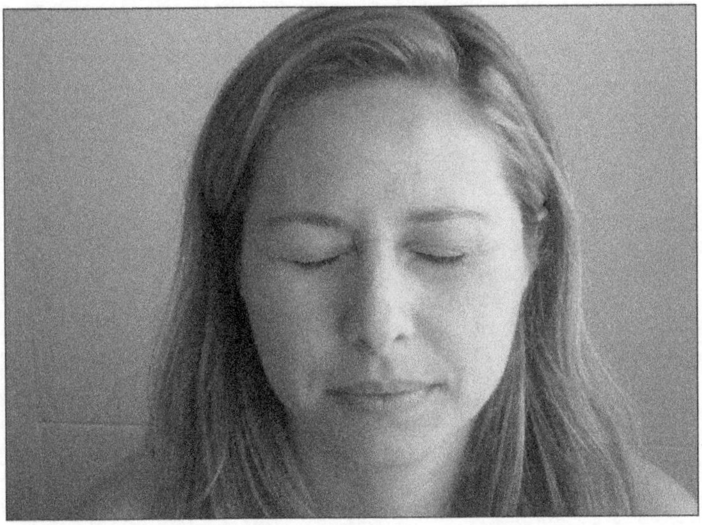

Fechar bem os olhos, apertando-os ao máximo. Contar até 15. Repetir 8 a 10 vezes. (*Aumenta a visão e atua nas rugas circulares orbiculares (bolsas inferiores e superiores).*)

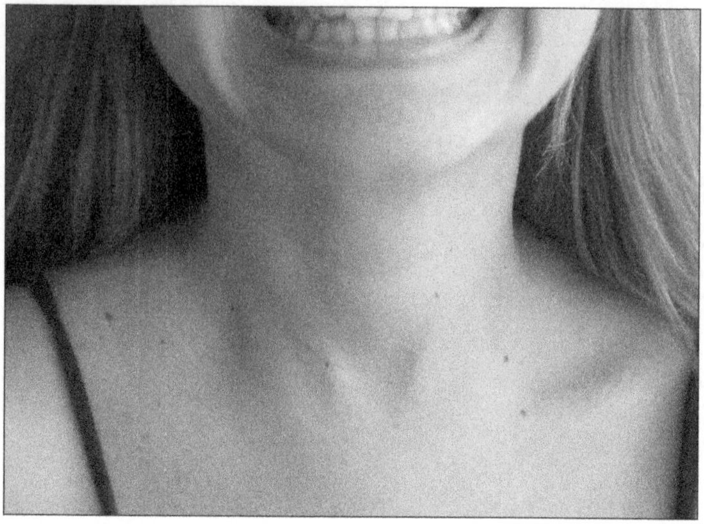

Franzir o pescoço e o queixo repuxando-os ao máximo. Contar até 10. Repetir 8 a 10 vezes. *(Melhora a circulação do pescoço e levanta o busto.)*

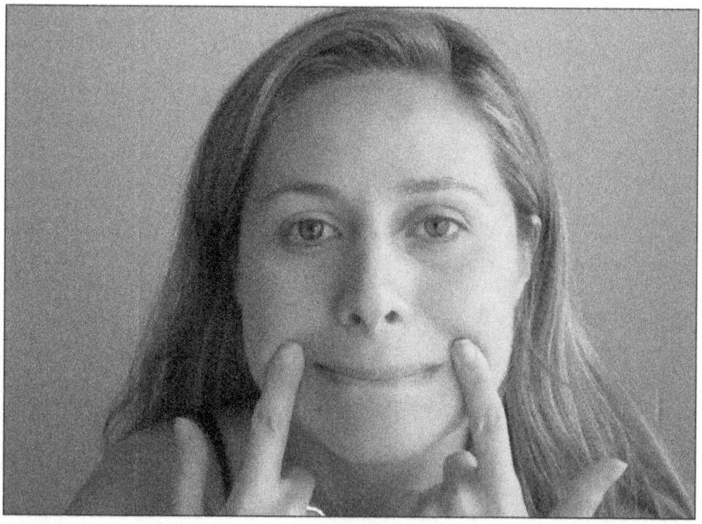

Unir os lábios como se fosse fixar o batom. Esticar os cantos da boca com os dedos. Contar até 10 e relaxe. Repetir 8 a 10 vezes. *(Atua nas rugas parabucais.)*

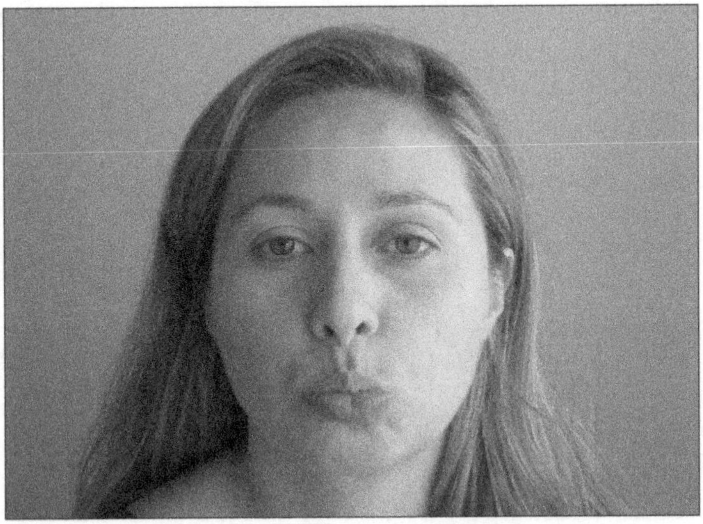

Fazer biquinho (fechado) e pressionar bem forte para a frente.
Contar até 15. Repetir 8 a 10 vezes.
(Atua na boca e nas maçãs do rosto – músculo masseter.)

Com os dedos médios e indicadores suspender as sobrancelhas ao máximo e franzir a testa puxando-a para baixo. Contar até 15. Repetir 8 a 10 vezes. *(Levanta o olhar e beneficia a testa.)*

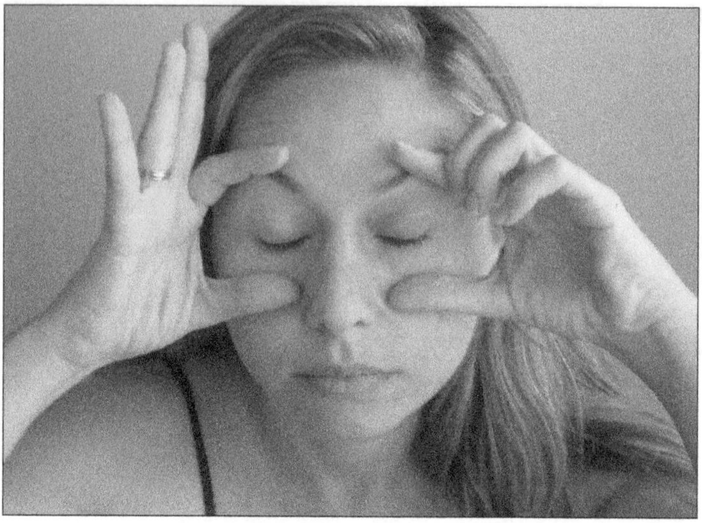

Abrir as pálpebras com os dedos indicadores e polegares firmando a musculatura e tentar fechar os olhos. Contar até 15. Repetir 8 a 10 vezes. *(Este exercício atua nos "pés-de-galinha", olheiras e rugas orbiculares.)*

Virar lentamente os lábios e o nariz em direção às orelhas (uma de cada vez). Contar até 15. Repetir 8 a 10 vezes. *(Atua nas rugas parabucais proximais.)*

Soletre as vogais A, E, I, O, U, bem abertas, forçando a musculatura a cada movimento. *(Aumenta a plasticidade dos músculos.)*

Pontos Principais

11

São os pontos utilizados para combater os distúrbios da face e da cabeça. Proporcionam alívio imediato para: dor de cabeça, dor de dente, dor de ouvido, tonteiras etc.

Os pontos principais são:

VG – Vaso Governador
Pex – Ponto extra
B – Bexiga
E – Estômago
IG – Intestino Grosso
ID – Intestino Delgado
VB – Vesícula Biliar
VC – Vaso da Concepção

Localização, Função e Indicação

A seguir indicamos os pontos principais de aplicação do Shiatsu Facial, onde T = tonificação e S = sedação.

VG 15

Localização: 0,5 tsun abaixo do ponto VG 16, entre as vértebras cervicais atlas e axis.

Função: Clareia os sentidos e a consciência (T), beneficia a língua (T), estimula a fala (T), umedece a garganta e facilita o fluxo do Ki (T).

Indicação: Dor de cabeça (S), convulsões (S), desordens mentais (S), epilepsia (S), rigidez da língua (S), torcicolo (S), rouquidão súbita (S), paralisia cerebral (T), afasia após AVE (T).

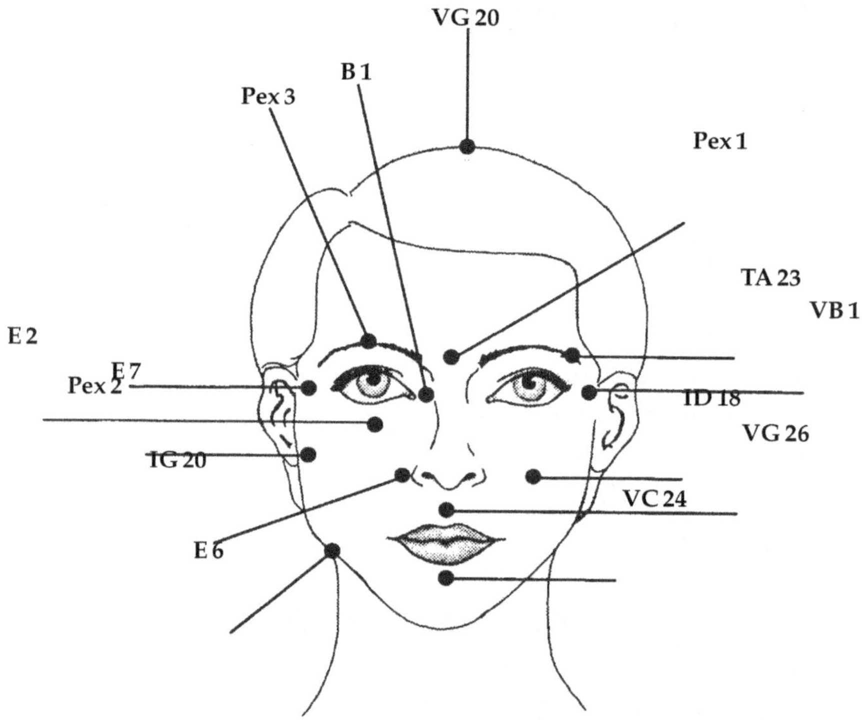

Visão frontal da cabeça

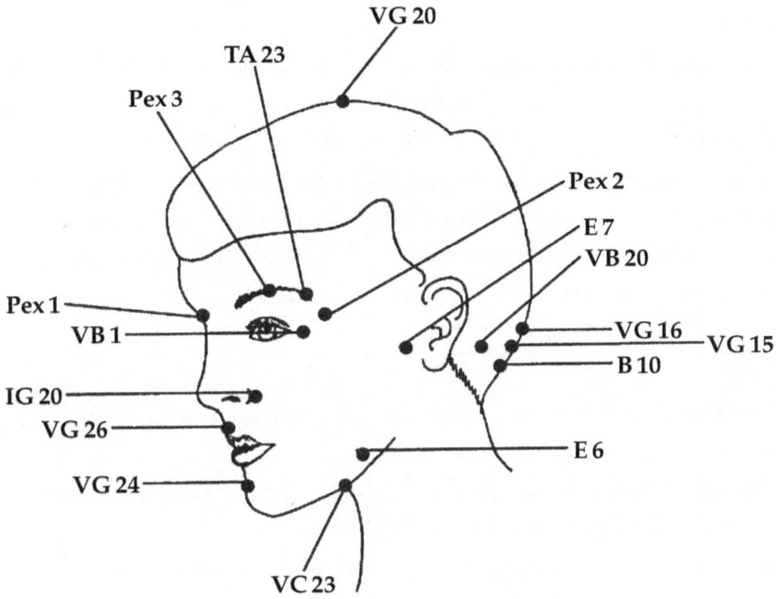

Visão lateral da cabeça

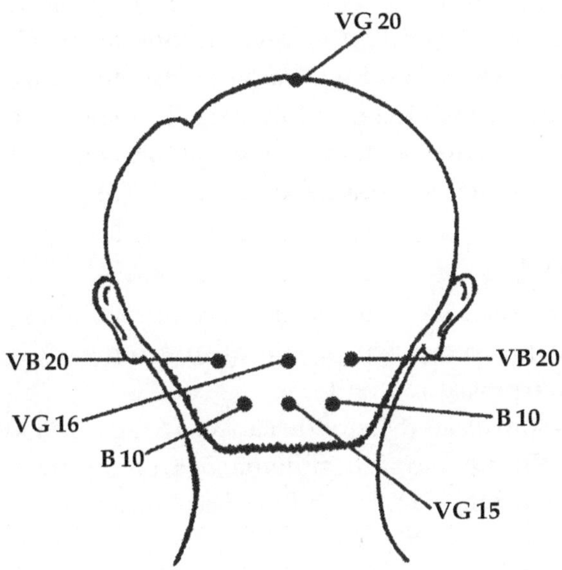

Visão posterior da cabeça

VG 16

Localização: No centro da nuca, 1 tsun acima da linha natural dos cabelos, numa depressão occipital exterior.

Função: Abre os orifícios dos sentidos (T), beneficia e reabilita o cérebro (T), dispersa o vento frio (T) e o vento quente (S).

Indicação: Mania (S), mudez devida a AVE (T), ansiedade (S), delírio (S), sinusite (S), dor de cabeça (S), sangramento nasal (S), problemas de visão e torcicolo (S), tontura (T), medo (T).

VG 20

Localização: No alto da cabeça, no centro de uma linha imaginária que une os ápices das orelhas.

Função: Clareia os sentidos (T), acalma o espírito (S), alivia o fígado (S), estabiliza a ascensão do Yang (S).

Indicação: Dor de cabeça (S), zumbido nos ouvidos (S), visão turva (S), obstrução nasal (S), hemorróidas (S), epilepsia (S), desordens mentais (S), tontura (T), falta de memória (T).

VG 26

Localização: Na linha mediana entre o nariz e o lábio superior.

Função: Clareia os sentidos (T), revive a consciência (T), acalma o espírito (S), relaxa os tendões (S), alivia a dor (S), desobstrui o nariz (S).

Indicação: Desmaio (T), coma (T), coriza (T), convulsão (S), travamento da mandíbula (S), dor de dente (S), dor e inflamação da gengiva (S), dores agudas da coluna (S), espasmos musculares (S).

Ponto extra 1

Localização: Na linha mediana entre as sobrancelhas.

Função: Acalma o espírito (S), desobstrui o nariz (S), concentra a mente e clareia o pensamento (T).

Indicação: Convulsão (S), dor de cabeça (S), insanidade mental (S), desordem dos olhos e nariz (S), inflamações, conjuntivites (S), insônia (S), tontura (T), vômito (T), coriza (T), visão curta (T).

Ponto extra 2

Localização: Numa depressão posterior ao ponto médio entre as pontas laterais das sobrancelhas e os cantos externos dos olhos.

Função: Extingue o vento do fígado (S), clareia a visão (T).

Indicação: Febre (S), convulsão (S), dor de cabeça (S), hipertensão (S), neuralgia do trigêmio (S), paralisia facial (T).

B 1

Localização: No canto interno dos olhos, numa depressão.

Função: Dispersa o vento (S), esfria o calor (S), clareia a visão (T), ilumina os olhos (T).

Indicação: Todas as desordens dos olhos (S), dor de cabeça (S), histeria (S), tontura (T). Permite concentrar a mente e clarear o pensamento (T).

B 10

Localização: 1,5 tsun lateral ao ponto VG 15.

Função: Reduz a febre (S), elimina o calor (S), relaxa os tendões (S), abre os orifícios dos sentidos (T), dispersa o vento (T), fortalece as costas (T).

Indicação: Asma (S), sensação de peso e dor de cabeça (S), febre (S), sangramento nasal (S), inflamação na garganta (S), rigidez e dor no pescoço e costas (S), memória fraca (T), tontura (T).

E 2

Localização: Numa depressão sobre o forâmen infra-orbitário, situado no osso maxilar, na linha das pupilas.

Função: Relaxa os tendões (S), desobstrui o nariz (S), ilumina os olhos (T).

Indicação: Todos os problemas dos olhos (S), conjuntivite (S), espasmos musculares das pálpebras (S), dor (S), paralisia facial (T), neuralgia do trigêmio (S), rinite e sinusite (S).

E 6

Localização: Na parte mais elevada do músculo masseter, 1 tsun acima e adiante do ângulo inferior da mandíbula.

Função: Umedece a garganta (S), abre os canais BP (T), relaxa os tendões (S), beneficia os dentes e a mandíbula (T), piorréia (S).

Indicação: Dor de dente (arcada inferior) (S), neuralgia do trigmio (S), garganta irritada (S), torcicolo (S), paralisia facial (T).

E 7

Localização: Numa depressão inferior ao arco zigomático e anterior ao processo condilóide da mandíbula.

Função: Abre os ouvidos (T), dispersa o vento (T), elimina o calor (S).

Indicação: Problemas auditivos (T), paralisia facial (T), dor de dente (arcada superior) (S), gengivite (S), neuralgia do trigêmio (S), otite (S), falta de audição (T).

IG 20

Localização: Ao lado do ponto mediano da borda lateral da asa do nariz.

Função: Desobstrui o nariz (S).

Indicação: Obstrução nasal (S), sangramento nasal (S), neuralgia do trigêmio (S), coriza (T), diminuição do olfato (T), paralisia facial (T).

ID 18

Localização: Na borda inferior do seio maxilar, abaixo dos cantos externos dos olhos.

Função: Dispersa o vento e o frio (T) e elimina o calor (S).

Indicação: Neuralgia do trigêmio (S), dor de dente (S), sinusite (S), paralisia facial (T).

VB 20

Localização: Nos pontos mais profundos da nuca (um de cada lado) numa depressão entre os músculos trapézios e esternocleidomastóide.

Função: Alivia condições exteriores (T), dispersa o vento (T), domina o Yang do fígado (S), relaxa os tendões (S), abre e faz brilhar os olhos (T), desobstrui os orifícios dos sentidos (T).

Indicação: Febre (S), convulsões (S), hipertensão arterial (S), dores no corpo (S), urticária (S), insônia (S), dor de cabeça (S), sensação de peso na cabeça (S), dor e rigidez no pescoço, ombros e costas (S), neuralgia do trigêmio (S), tonturas (T), problemas dos ouvidos, olhos, nariz e labirinto (T).

VC 24

Localização: Numa depressão no centro da prega labial inferior.

Função: Relaxa os tendões (S), elimina o calor (S), transforma a umidade e o muco (T).

Indicação: Dor e inflamação da gengiva (S), dor de dente (S), epilepsia (S), depressão (T).

Sistemas do Corpo

12

O Yin está contido no Yang e o Yang está contido no Yin. O corpo humano também está contido dentro de si próprio. No rosto, olhos, lábios, língua, orelhas, mãos e pés encontram-se sistemas internos, do corpo, órgãos e vísceras. A figura a seguir mostra como o nosso corpo se reflete no nosso rosto.

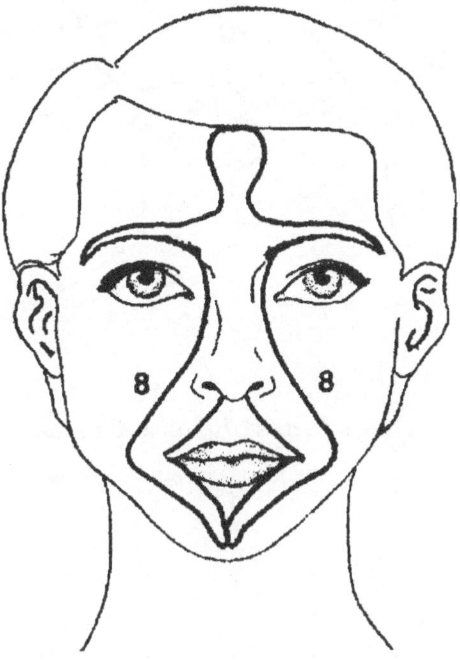

No Rosto

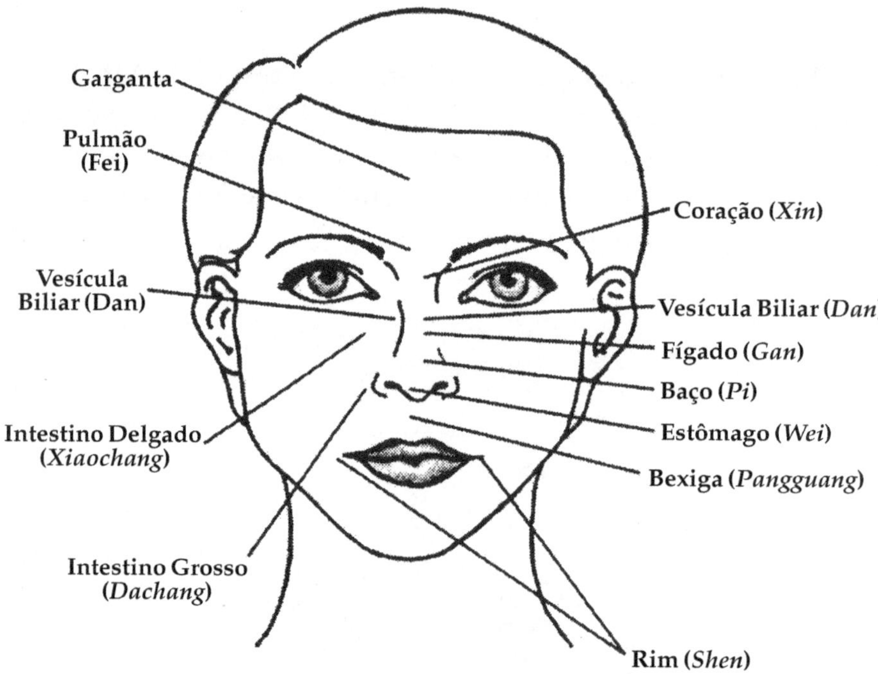

Sistema interno dos órgãos e vísceras no rosto.

NA LÍNGUA

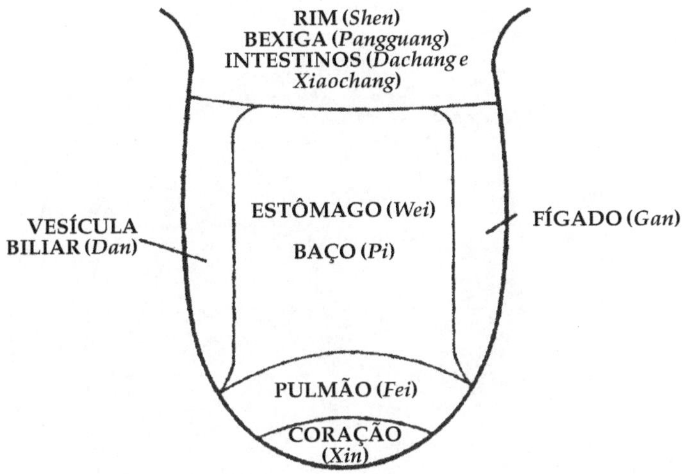

Sistema interno dos órgãos e vísceras na língua.

NOS LÁBIOS

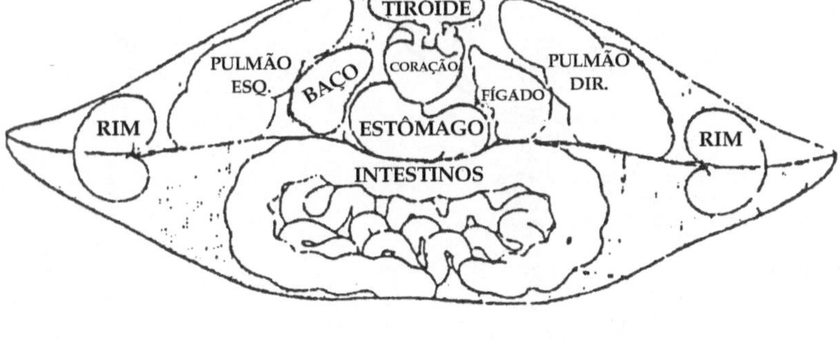

Sistema interno dos órgãos e vísceras do corpo nos lábios.

Nas Orelhas

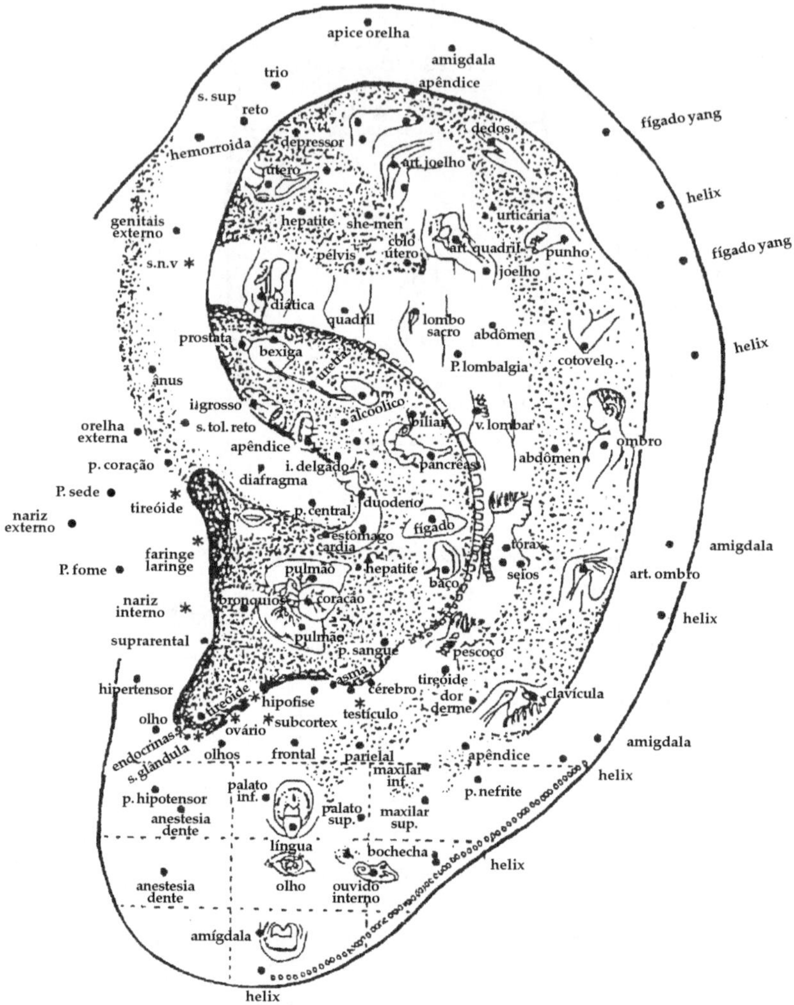

* Ponto interno
▲ Área

Sistema interno dos órgãos e vísceras do corpo nas orelhas (a).

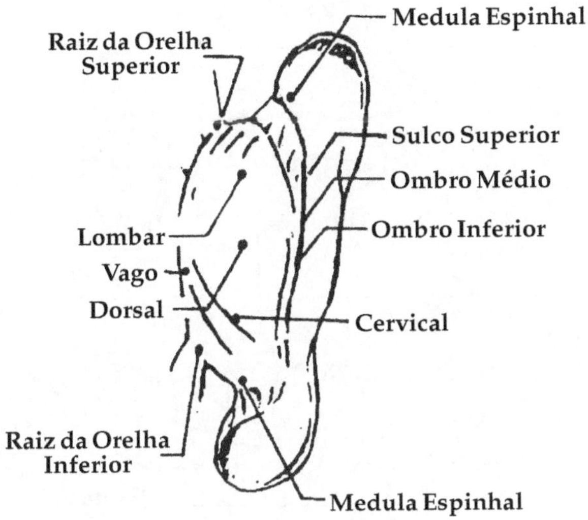

Sistema interno dos órgãos e vísceras do corpo nas orelhas (b).

Nos Olhos

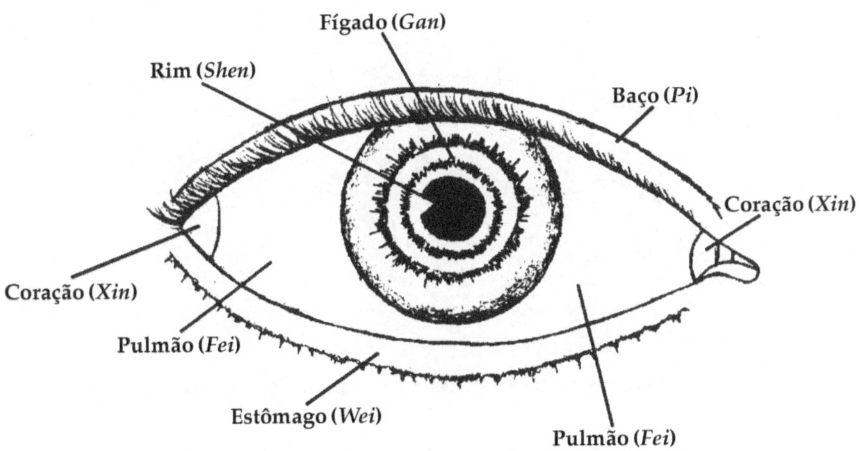

Sistema interno dos órgãos e vísceras do corpo nos olhos.

NAS MÃOS

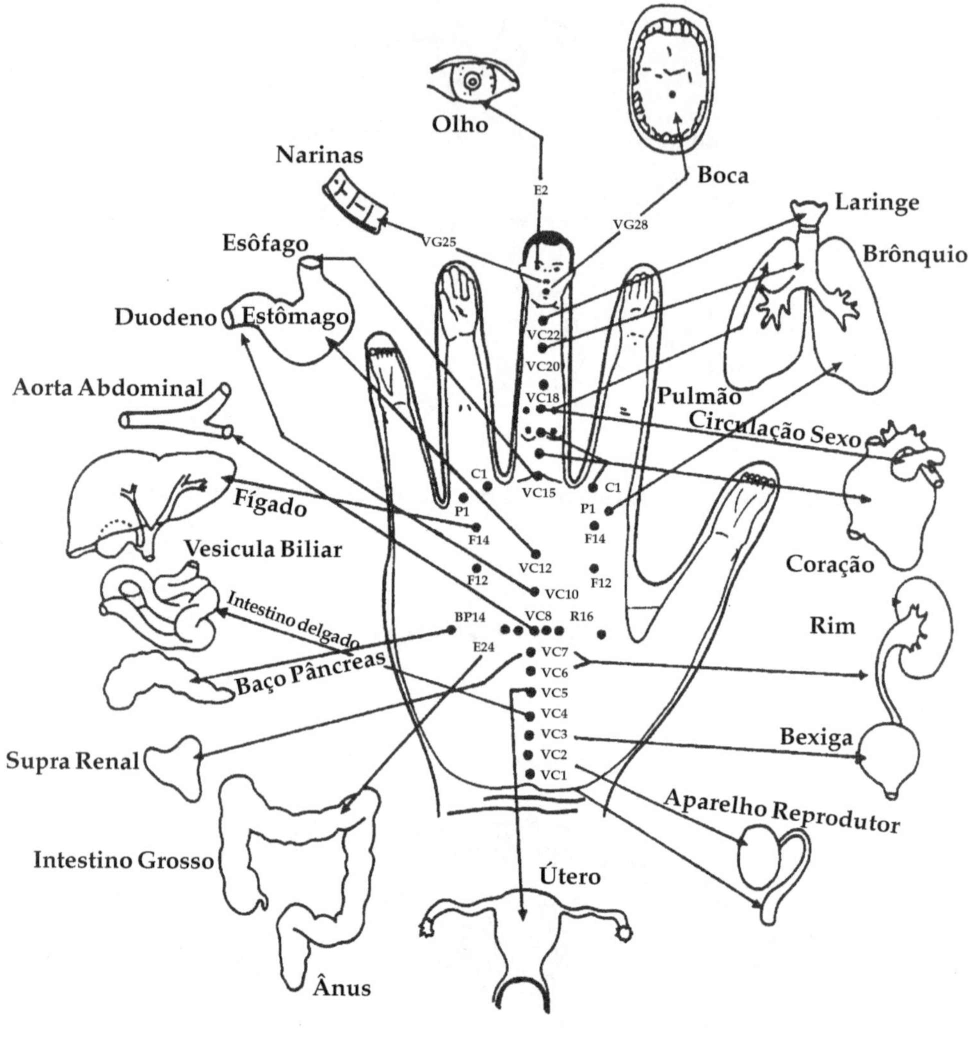

Sistema interno dos órgãos e vísceras do corpo nas mãos.

Nos Pés

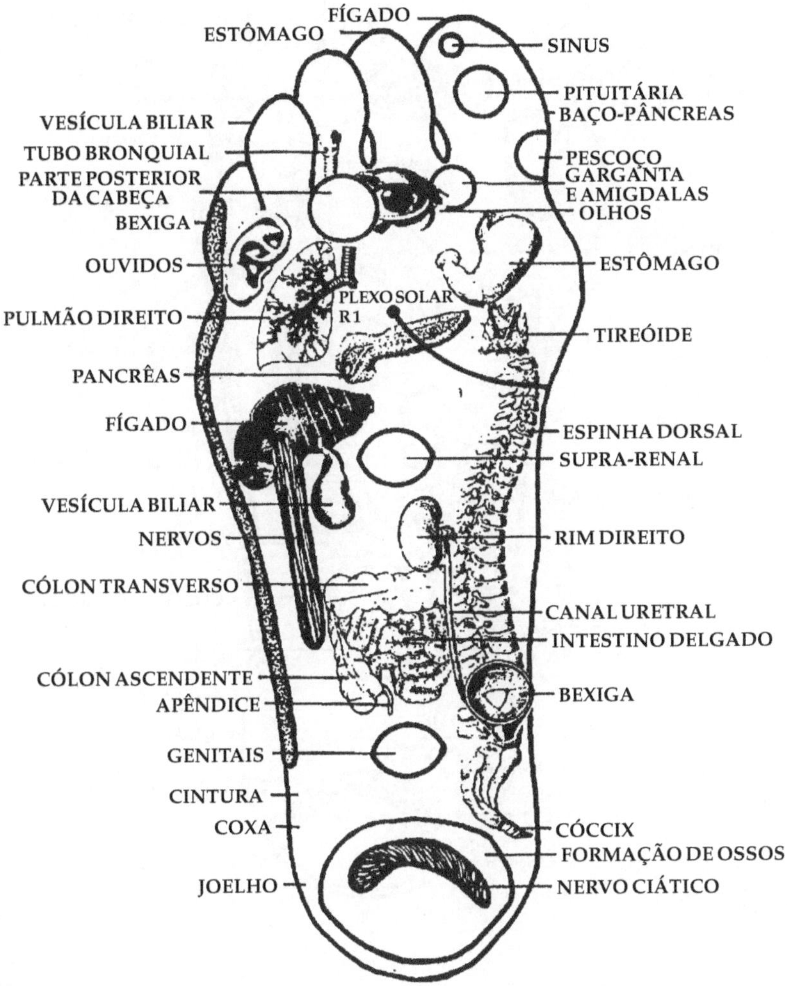

Sistema interno dos órgãos e vísceras do corpo no PÉ ESQUERDO.

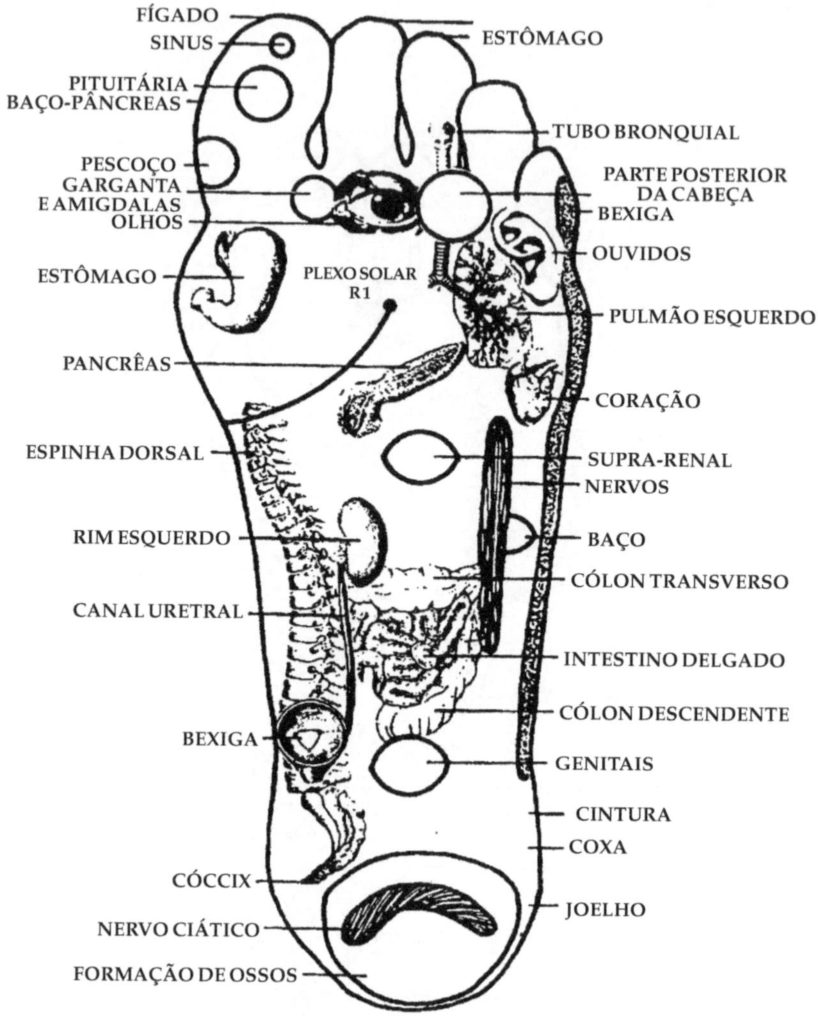

Sistema interno dos órgãos e vísceras do corpo no PÉ DIREITO.

Bibliografia

11

BASTOS, SOHAKU, *O Livro do Shiatsu.* Ground, 1982.

BASTOS, SOHAKU, *Tratado de Eletroacupuntura.* Numen, 1993.

CHING, NEI, *O Livro de Ouro da Medicina Chinesa.* Domínio público, 1989.

DALE, RALPH ALAN, *Acupuntura Com Sus Dedos.* Dialectic Publications, 1987.

KUSHI, MICHIO, *Diagnóstico Visual.* Sol Nascente.

LAO-TSÉ, *Tao Te King.* Alvorada, 1990.

MACIOCIA, GIOVANNI, *Os Fundamentos da Medicina Oriental.* Roca, 1996.

MARKERT, CHRISTOPHER, *Yin-Yang.* Cultrix, 1997.

MOCHIZUKI, *The Art of Japanese Facial Massage.* Kotobuki Publications, 1997.

MUSASHI, MIYAMOTO, *Um Livro de Cinco Anéis.* Ediouro, 1984.

OKUYAMA, RYUHO, *O Tratado de Shiatsu.* 1949.

YAMAMURA, YSAO, *Acupuntura – Um Texto Compreensível.* Roca, 1996.

YAMAMOTO, CELSO, *Arte e Ciência do Diagnóstico na Medicina Oriental.* Ground, 1998.

WEN, TOM SINTAN, *Acupuntura Clássica Chinesa.* Cultrix, 1995.

Buscar sempre o contato com a natureza, olhar para cima, para as estrelas. Ver-se integrado neste macrocosmo do qual temos certeza que fazemos parte, que somos uma centelha, que temos luz própria e que, como as estrelas, refulgimos, só que no andar de baixo.

Aridinéa Vacchiano

Aridinéa Martins Vacchiano, natural do Rio de Janeiro, atuou na área das artes plásticas (pintora e escultora).

Após descobrir os benefícios das terapias naturais, dedicou-se a estudar essa arte com o objetivo de entender e ajudar a amenizar as dores da alma que se manifestam no físico, buscando a amenização dos sintomas das doenças o restabelecimento da Saúde Integral.

É psicóloga com pós-graduação em Psicossomática Contemporânea, hipnoterapeuta, TVP, pesquisadora e escritora, acupunturista (com formação em Medicina Tradicional Chinesa nas técnicas de acupuntura auriculoterapia, shiatsu corporal e facial e moxabustão), professora (ministra cursos dessas técnicas), parapsicóloga e mestre de Reiki. Também atua com florais.

Formou mais de 5.000 terapeutas nas técnicas citadas em todo o país.

Palestrante, participa e preside congressos e seminários, buscando uma integração das medicinas.

É autora do DVD — Shiatsu Facial "A Arte do Rejuvenescimento", do poster Shiatsu Facial e do livro SHEN (Mente) PSIQUISMO. É também poeta, autora do livro "Reencontros" (poesia).

Comentários ou informações sobre palestras, cursos,
workshops etc., devem ser feitos através dos telefones
(021) 2236-4352/ 2235-2547/ 9236-7207,
por e-mail (aridineav@hotmail.com)
ou através do site: www.psiclinicas.com.br

Conheça também da Editora Ground

Guias Práticos Ground

Os Guias Práticos Ground são projetos especiais da Editora Ground que visam facilitar o acesso rápido a diversas terapias da medicina holística, comprovadamente eficazes na prevenção e tratamento de desequilíbrios da saúde. As embalagens contém texto descritivo e mapas elucidativos nas respectivas áreas.

Mapa – Rios de Qi
(Mapeamento chinês dos vasos e Meridianos Regulares)

Mapa – A Dieta dos Grupos Sangüíneos
(Tabelas dos alimentos ideais e nocivos para cada grupo sanguíneo)

Mapa – As Essências Florais do Dr. Bach
(Resumo das qualificações: cores, detalhes, nome científico, tradução e indicações de uso)

Mapa – Os Sete Chakras Principais
(Localização anatômica dos centros energéticos captadores da energia vital no corpo humano)

Mapa – Reflexologia Podal
(Localização das áreas e pontos reflexos e sua ligação com órgãos e sistemas)

Mapa – Shiatsu Facial
(Técnicas de aplicação do Shiatsu para o rejuvenescimento, visando o seu aspecto preventivo, estético e terapêutico)

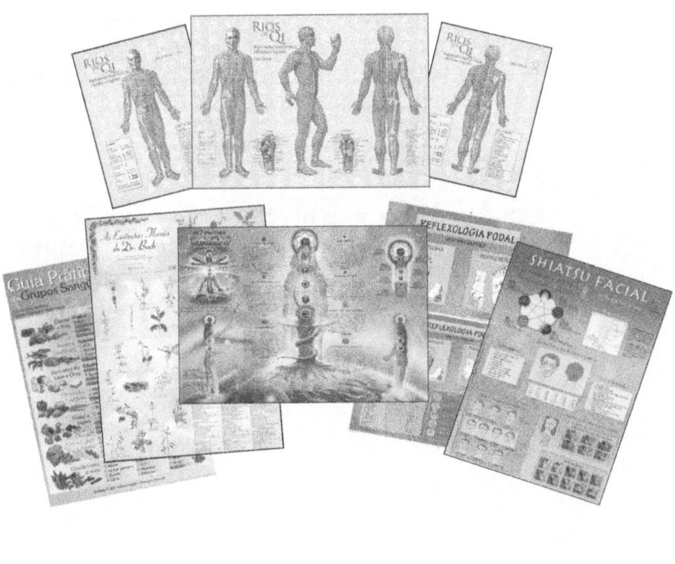

REFLEXOLOGIA PODAL
Primeiros socorros e técnicas de relaxamento
Osni Tadeu Lourenço

A Reflexologia é uma técnica capaz de avaliar e tratar distúrbios físicos e emocionais por meio de estímulos em plexos nervosos relacionados ao órgão ou à característica emocional em tratamento. É usada com sucesso por fisioterapeutas e médicos, e tem se mostrado muito eficiente no desenvolvimento do autoconhecimento.

O TAO DA CURA
Medicina Chinesa Prática
Achim Eckert

Os cinco elementos do taoísmo: madeira, fogo, terra, metal e água são forças cósmicas que podem ser percebidas tanto na natureza quanto no ser humano. Para equilibrá-las, o leitor encontrará uma série de exercícios físicos simples e didáticos. Valioso e eficaz para qualquer praticante de acupuntura, Qi Gong ou Tai Chi.

MANUAL DE MASSAGEM AYURVÉDICA
Técnicas indianas tradicionais para o equilíbrio do corpo e da mente
Harish Johari

A massagem ayurvédica age nos níveis mental e físico, transmitindo uma energia vitalizadora que ajuda todos os sistemas do corpo na sua recuperação e renovação. Este livro torna essa técnica acessível ao principiante e detalha aprofundamentos para os massagistas mais experientes.

YOGA TERAPIA
O caminho da saúde física e mental
Nilda Fernandes

Esta obra aborda a filosofia do Yoga, a respiração, a musculatura, os âsanas utilizados na desobstrução dos canais energéticos do corpo humano e as regras de vida que conduzem à harmonia e à verdadeira libertação.
Através do ensino detalhado da execução das técnicas e do trabalho muscular em cada postura, a autora aborda seus benefícios terapêuticos e as contra-indicações.

YOGA
Uma prática de alongamento
Nilda Fernandes

O estiramento muscular é uma dimensão essencial na execução das posturas de Yoga, que utiliza naturalmente movimentos de abertura, curvatura e torsão aliados à respiração consciente para o trabalho harmônico de todo o corpo.
Bem orientado, o alongamento pode reduzir as dores no corpo, aumentando a mobilidade e mantendo-o jovem, saudável e flexível.

BRINCANDO COM O YOGA
Elisabetta Furlan

Neste livro, as técnicas do Yoga são apresentadas à criança de forma agradável e divertida, por meio de ilustrações repletas de senso de humor. As práticas inerentes ao controle e ao desenvolvimento do corpo podem parecer bastante divertidas quando a criança vê o simbolismo ilustrado.
Acompanha um POSTER COLORIDO com todas as postura.